MAIXIA ZHONGZI YUJIAN WEILAI

JIYU STEAM JIAOYU LINIAN DE YOUER XIANGMU HUODONG SHEJI YU SHISHI

埋下种子　育见未来

基于 STEAM 教育理念的幼儿项目活动设计与实施

孟　娜◎著

中国文联出版社

图书在版编目（ＣＩＰ）数据

　　埋下种子　育见未来：基于 STEAM 教育理念的幼儿项目活动设计与实施 / 孟娜著 . -- 北京：中国文联出版社，2022.12
　　ISBN 978-7-5190-4951-5

　　Ⅰ．①埋… Ⅱ．①孟… Ⅲ．①活动课程－课程设计－教学研究－学前教育 Ⅳ．① G612

　　中国版本图书馆 CIP 数据核字（2022）第 164236 号

著　　　者　孟　娜
责任编辑　刘　旭
责任校对　张　苗
装帧设计　张　凯

出版发行　中国文联出版社有限公司
社　　址　北京市朝阳区农展馆南里 10 号　　　邮编　100125
电　　话　010-85923025（发行部）　010-85923091（总编室）
经　　销　全国新华书店等
印　　刷　中煤（北京）印务有限公司

开　　本　710 毫米 x 1000 毫米　　1/16
印　　张　20.25
字　　数　266 千字
版　　次　2022 年 12 月第 1 版第 1 次印刷
定　　价　89.00 元

目　录

理　论　篇

实　践　篇

理 论 篇

第一章

STEAM 教育理念下的幼儿项目活动概述

第一节 STEAM 教育的内涵

STEAM 教育的前身是 STEM，起源于美国，后通过不断发展、延伸发展为 STEAM 教育。STEAM 是五个英文单词的首写字母的组合，是指 5 个学科，Science（科学）、Technology（技术）、Engineering（工程）、Art（艺术）、Mathematics（数学）。STEAM 不是一系列科学、技术、工程、艺术、数学等学科内容或活动的简单叠加，它是要以探索和解决真实问题为原动力，以提升学科知识创新性实践应用能力为目标，从而弥补分科教学中的不足。①

通过阅读相关文献，了解到 STEAM 中 5 个字母所蕴含的具体含义如下：

科学：是指基于在实验和观察中获得的事实来认识或研究自然世界（www.merrian-webster.com）。

技术：在工业和工程等领域中运用科学来发明有用的东西或解决问题（www.merrian-webster.com）。在幼儿教育阶段可运用的技术有四大类：探

---

① 李雁冰 . "科学、技术、工程与数学"教育运动的本质反思与实践问题——对话加拿大英属哥伦比亚大学 Nashon 教授 [J] . 全球教育展望，2014，43（11）：3—8.

查工具、记录工具、制作工具、方法或技术[①]

工程：运用科学方法设计、建造大型结构、新产品或新系统的工作。工程涉及三大方面——设计、制作、精进，设计系指依据问题需求与现实条件创想与计划，而设计后则需运用材料、技术或方法加以制作，并在过程中持续改进，以解决实际问题。[②]

数学：关于数的科学，研究数与数的运算、关系、组合、概括和抽象以及关于形的科学，研究空间形状的结构、测量、转换和归纳。（摘自：《与幼儿一起学习 STEM》）

其中艺术 "A" 包含较为广泛的人文艺术科目，涵盖社会研究（social studies）、语言（language）、形体（physical）、音乐（musical）、美学（fine）和表演（performing）等。[③] 苏萨和皮莱茨基认为艺术是广义的人文艺术领域，包含戏剧、音乐、舞蹈、建筑、景观设计、创意写作、影片、美术等。[④]

不同的研究者对 STEAM 教育的内涵有着不同的总结。以下是关于不同学者对 STEAM 教育内涵的界定。

表 1-1　STEAM 教育的内涵

研究者	STEAM 教育的内涵	对概念界定的分析
格雷特·亚克门（Georgette Yakman）（赵慧臣、陆晓婷，2016）	STEAM 教育主要是以基于项目的学习、问题的学习为主要教学（学习）方式，引导学生通过合作与实践，完成主题项目和解决生活中遇到的问题[⑤]	从教育方式（途径）角度进行概念的界定

① 周淑惠.婴幼儿 STEM 教育与教保实务［M］.南京：南京师范大学出版社，2021：44.

② 周淑惠.婴幼儿 STEM 教育与教保实务［M］.南京：南京师范大学出版社，2021：45.

③ 赵慧臣，陆晓婷.开展 STEAM 教育，提高学生创新能力——访美国 STEAM 教育知名学者格雷特·亚克门教授［J］.开放教育研究，2016，22（5）：4—10；米鹏旭.幼儿园大班戏剧综合活动的行动研究［D］.西南大学，2015.

④ 周淑惠.婴幼儿 STEM 教育与教保实务［M］.南京：南京师范大学出版社，2021：46.

⑤ 赵慧臣，陆晓婷.开展 STEAM 教育，提高学生创新能力——访美国 STEAM 教育知名学者格雷特·亚克门教授［J］.开放教育研究，2016，22（5）：4—10.

研究者	STEAM 教育的内涵	对概念界定的分析
（时慧，2017）	STEAM 教育强调在帮助学生融合贯通科学、技术、艺术、数学等知识的基础上，培养学生的兴趣驱动力、动手实践的能力和创新思维①	从教育目的角度进行概念的界定
（曾婷，2017）	STEAM 教育所蕴含的是一种科学的、多学科融合的思想，基于多种信息技术工具为载体，主要培养学生问题解决能力、创新性能力为主的一种教育方式②	从教育方式和教育途径的角度来进行概念的界定
STEAM 权威网：steamedu.com	STEAM is a way to teach how all things relate to each other, in school and in life. It's more fun than traditional learning styles and makes more sense to all types of learners because it is based on the natural ways that people learn and are interested in things. STEAM 是一种在学校和生活中教授所有事物如何相互联系的方式。它比传统的学习方式更有趣，对所有类型的学习者都更有意义，因为它是基于人们学习和对事物感兴趣的自然方式	从教育方式的角度来进行概念的界定

　　本研究综合多位研究者对 STEAM 教育的概念界定，从多个角度来综合界定 STEAM 教育。STEAM 教育以基于项目的学习、问题的学习为主要教学（学习）方式，引导学生通过合作与实践，完成主题项目和解决生活中遇到的问题，从而提升学生的创造力、问题解决、动手实践、跨学科知识运用等方面的能力，培养学生主动性和坚持性的学习品质。

---

① 时慧 . 建构主义视域下的 STEAM 教育探析［J］.中国信息技术教育，2017（Z2）：84—87.
② 曾婷 . STEAM 教育的内涵、特征与实施路径［J］.教育现代化，2017，4（33）：271—273.

第二节 STEAM 教育理念的内涵

通过阅读 STEAM 教育文献了解到，不同的研究者是从不同的角度来阐述 STEAM 教育的理念。例如格雷特·亚克门教授从教育目的角度出发指出 STEAM 教育不仅可以提升学生的逻辑思维能力，还能培养学生的问题解决的创新能力、合作能力及自我实现的激励能力，简而言之 STEAM 教育主要是培养具有创造和革新精神的全面发展的人。[①] Basham J. D. 从教育对象的角度指出 STEAM 教育强调关注所有的学生，包括不同认知能力水平、不同性别、不同文化背景的学生，甚至是残疾学生等有特殊需求的学生。[②] 亚克门教授及李小涛等人还从教育途径与方式的角度出发认为 STEAM 教育是以项目学习为主要学习方式，学习者通过项目式学习来完成相关任务，同时培养其项目学习能力。[③④]

通过对相关文献的梳理与归纳，本研究对 STEAM 教育理念进行了框架化的梳理，从教育目的角度出发，STEAM 教育的理念是重视培养创造性思维，强调问题解决能力、动手实践能力、合作与交流能力的理念。从教育内容的角度出发，STEAM 教育的理念是重视科学、技术、工程、艺术、数学等学科的知识与经验的整合与运用。从教育途径与方式的角度出发，STEAM 教育的理念是强调基于问题、基于项目为主要实施线索。从教育评价的角度出发，STEAM 教育的理念是重视采用过程性评价。本研究

① 赵慧臣，陆晓婷 . 开展 STEAM 教育，提高学生创新能力——访美国 STEAM 教育知名学者格雷特·亚克门教授［J］. 开放教育研究，2016，22（5）：4—10.

② Basham J. D., Israel M., Maynard K. An Ecological Model of STEM Education: Operationalizing STEM FOR ALL［J］. Journal of Special Education Technology, 2010, 25(3): 9–19.

③ 赵慧臣，陆晓婷 . 开展 STEAM 教育，提高学生创新能力——访美国 STEAM 教育知名学者格雷特·亚克门教授［J］. 开放教育研究，2016，22（5）：4—10.

④ 李小涛，高海燕，邹佳人，万昆 . "互联网 +" 背景下的 STEAM 教育到创客教育之变迁——从基于项目的学习到创新能力的培养［J］. 远程教育杂志，2016（1）：28—36.

将 STEAM 教育理念概念界定为以培养创造性思维，具有问题解决、动手实践、合作与交流的能力的人为教育目的，关注所有的学生，通过解决问题、完成项目的教育途径，跨学科整合式地让习得科学、技术、工程、艺术、数学等学科的知识与经验，在此过程中教师要重视过程性评价和表现性评价，这一系列的观念与思想整合统称为 STEAM 教育理念。

图 1-1

第三节 幼儿项目活动的内涵

一、项目

项目（project），意大利语 projetti，最早可追溯到 16 世纪意大利建筑工程教育运动，这是项目首次被用来表示一种教学方法。

丽莲·凯兹[①]认为，项目是对一个值得研究的主题进行深入的探究。通常这探究是由教室中的一小组幼儿所进行的，有时候也会由整个班级进行，在很少的情况下会由一个幼儿单独进行。（丽莲·凯兹，1994）

基于项目的学习（Project-Based Learning，PBL）中的项目，是让学生通过安排围绕项目的真实学习任务，综合各学科知识，在合作学习的环境下，设计并实施一系列的探究活动，并将探究成果进行表达和交流的教学模式。这种学习主要由基本问题、项目设计、工作计划、项目管理、最终产品和评价反馈六个因素构成。其中，"基本问题"主要来自现实生活；本身蕴含的知识是多学科的；有一定深度，值得学习者进行深度探究；难度适宜，学习者有兴趣，有能力进行探究。[②]

二、项目活动

项目活动（project-based learning），又称项目教学法、项目式学习方案教学法等，英文译为 Project Basic Learning，简称 PBL。项目活动自 20 世纪初期诞生以来，经过百年的持续发展和推陈出新，如今依旧风靡全球，成为极具代表性的幼儿园课程模式。

克伯屈于 1918 年在哥伦比亚大学发表《项目教学法》一文，首次提出了项目活动的概念，并将其定义为——在特定社会环境中发生的，要求参与者有计划地、全身心投入地行动。[③] 该文极大地促进了幼儿园项目活动在欧洲学校的推广和运用。美国教育家克伯屈将项目活动其分为四个阶段，分别是：决定目的—拟定计划—实施计划—评定结果。

---

① 王春林.基于项目活动的幼儿 STEM 课程实施的行动研究［D］.华中师范大学，2019.

② 郑葳.中国 STEAM 教育发展报告［M］.北京：科学出版社，2017：88—89.

③ Kilpatrick W. H.The Project Method［J］.Teachers College Record, 1918(1).

美国巴克教育研究所认为，项目活动是指学习者在一段时间内通过对真实的、复杂的问题进行探究，从中获得知识和技能的一种教学方法。[①] 裴迪认为项目活动，又被称作基于项目教学等，即学生对其周遭环境内值得学习的事件或现象进行长期、广泛、深入的探究。[②]

项目活动作为一种幼儿教育的方法，泛指一种教与学的方式，而不是一组特定的教学技巧，或一系列一成不变的活动、惯性程序或策略。[③] 项目活动强调教师对于不同幼儿的不同发展和特点给予积极回应和支持，同时强调幼儿积极参与项目内容，对自己的作品或任务进行计划、实施、评估、改进、展示等，鼓励调动幼儿对待事物和工作的主动性和任务意识。

三、幼儿项目活动

项目活动面向各个学段，幼儿项目活动主要是面向幼儿群体开展活动的一种途径。

幼儿项目活动的定义是，幼儿对某一值得学习与探究的主题进行深入的、广泛的探究，探究的成员可以是全部幼儿，也可以是班级中的小组。[④]

本书中幼儿项目活动是指幼儿围绕着一个主题，在一系列的解决问题的过程中，进行的一系列的探究活动。

---

① 美国巴克教育研究所 .What is PBL?［DB/OL］.http://www.bie.org/about/what_pbl.

② ［美］裴迪等 .项目课程的魅力——应对当代幼儿教室挑战的策略与方法［M］.林育玮等译 .南京：南京师范大学出版社，2006：25—26.

③ ［美］丽莲·凯兹，西尔维亚·查德 .《开启孩子的心灵世界：项目活动》［M］. 南京：南京师范大学出版社，2007：4.

④ ［美］裴迪等 . 小小探索家——幼儿教育中的项目课程教学［M］.林育玮等译 .南京：南京师范大学出版社，2004：3.

第四节　STEAM 教育理念下的幼儿项目活动的概念

从开展 STEAM 教育理念下的幼儿项目活动的目的角度来分析：开展 STEAM 教育理念下幼儿项目活动是为了促进幼儿主动性、坚持性、反思性、探究性等学习品质得以培养，创造力、问题解决能力、合作与交流能力、动手实践能力等得以提高，科学、技术、工程、艺术、数学等方面的知识与经验得以丰富。

从开展 STEAM 教育理念下的幼儿项目活动的途径及路径的角度来分析：STEAM 教育理念下幼儿项目活动，主要是以项目为载体，包含有主题项目、区角项目、集体教育活动项目三大类型，以确定项目任务、小组设计、动手实践、展示分享为主要路径进行开展各类项目。

综上所述，本书中 STEAM 教育理念下的幼儿项目活动是指：幼儿在教师的引导下，以完成一次项目为主要任务和载体，潜移默化地进行跨学科学习，通过运用各类科学、技术、工程、艺术、数学等方面的知识，使幼儿创新能力、问题解决能力、合作与交流能力、动手实践能力、设计能力等方面得以提升，在学习品质方面，幼儿的主动性、坚持性、灵活性、反思性、专注力等得以提升。

由此可见，首先，STEAM 教育理念下的幼儿项目活动应该注重研究生活中真实的、有意义的问题，由此可以培养幼儿对现实生活的关注。当活动与幼儿的生活相互关联时，他们的学习才会有意义。其次，应该鼓励幼儿大胆探究，因为探究是驱动幼儿学习的力量，幼儿可以是探究发源的主体，教师也可以通过有目的的教学，为幼儿创设出研究的情境，幼儿借助于丰富的材料，自主探究出更好地解决问题的方式与方法，教师的作用就在于不断支持幼儿的探究行为，再次，STEAM 教育理念下的幼儿项目活动需要丰富的材料支持，因为材料作为一种工具为幼儿的探究行为提供了更多的可能性。最后，学科融合是 STEAM 教育理念下的项目活动的典型特征之一，也是区分于幼儿园传统课程的一大特点，强调将五个学科紧密结合在一起，培养幼儿的学科融合和知识的迁移运用能力。

第二章

开展 STEAM 教育理念下的
幼儿项目活动的背景与意义

第一节　开展 STEAM 教育理念下的
幼儿项目活动的背景分析

一、国际社会上对未来人才的需求分析

人类文明进入 21 世纪以来，第四次工业革命初现端倪，技术的迅猛发展使得社会越来越临近标志着人类历史大发展的拐点——"奇点"。①

由于人类未来面临环境、人口负荷、过度智能化等方面的挑战，不同学者、不同组织、不同国家从不同方面、不同角度提出了未来人才所需要的能力。

例如，联合国教科文组织提出四大学习支柱——求知、学会做事、学会共生、学会发展。

欧盟 2006 年发布的未来终身学习者应该具备的八大素养，涉及八个方面，它们分别为使用母语交流、使用外语交流、数学素养与基本的科学技术素养、数字素养、学会学习、社会与公民素养、主动意识与创意精

---

① 郑葳 . 中国 STEAM 教育发展报告［M］. 北京：科学出版社，2017：12.

神、文化觉识与文化表达，并指出批判性思维、创造力等是贯穿于八大核心素养之中的共同能力。①

美国 21 世纪人才核心能力架构中提出学习与创新 4C 能力：批判性思考与问题解决、创造力与创新、沟通、合作。

美国学者伯尼·特里林和查尔斯·菲德尔经过多年的研究，指出 21 世纪有教养的劳动者和公民必备的技能 "3R×7C"，3R 指读、写、算的能力；7C 则分属三大领域的素养，包括学习于创新技能（批判性思考与解决问题能力、沟通与协作能力、创造与革新能力）；信息、媒体与技术技能（涉及信息素养、媒介素养与通信技术素养）；生活与职业技能（包括灵活性与适应能力、主动性与自我导向、社交与跨文化交流能力信息、工作能力与职责、领导力与责任等）。②

通过分析国际上不同国家、不同组织、不同学者对未来人才所必备的关键能力与品格，发现的共性是都比较关注创造力、问题解决能力、合作能力的培养。

二、我国对创新人才培养的关注

进入 21 世纪至今，我们人类文明已经进入了第四次工业革命的开端，而第四次工业革命越来越需要科技与人文素养的创新应用型人才。为了更好地应对来自第四次工业革命的挑战，利用好第四次工业革命带来的契机，我国从进入 21 世纪时就颁布了一系列政策文件，强调创新人才的培养。如《国家中长期教育改革和发展规划纲要（2010—2020 年）》在战略主题中明确指出坚持以人为本、全面实施素质教育是教育改革发展的战略主题，重点是面向全体学生、促进学生全面发展，着力提高学生服务国家服

---

① 郑葳 . 中国 STEAM 教育发展报告［M］. 北京：科学出版社，2017：15.
② 郑葳 . 中国 STEAM 教育发展报告［M］. 北京：科学出版社，2017：15.

务人民的社会责任感、勇于探索的创新精神和善于解决问题的实践能力。①

当前，我国经济社会发展正处于转型阶段，创新驱动发展已经成为新的国家战略。李克强总理在2015年1月9日召开的国家科学技术奖励大会上的讲话中指出，国家繁荣发展的新功能，就蕴含于万众创新的伟力之中。②科技创新的关键在于创新人才，而创新人才培养的关键在于创新教育。2016年教育部发布的《教育信息化"十三五"规划》中，明确提出要"积极探索信息技术在'众创空间'、跨学科学习（STEAM）、创客教育等新的教育模式中的应用，着力提升学生的信息素养、创新意识和创新能力，促进学生的全面发展"。③2016年5月我国出台的《国家创新驱动发展战略纲要》中特别指出："创新驱动是国家命运所系。国家力量的核心支撑是科技创新能力。创新强则国运昌，创新弱则国运殆"④

台湾学者周淑惠归纳出未来社会所需要的三大能力：探究力、创造力与合作共构力。⑤她认为在人工智能当道的时代，许多工作被人工智能取代，很多工厂购置先进的机器生产产品，工厂成为了机器手臂操作的无人工厂，我们必须构思人工智能无法做到之事及如何与人工智能进行合作，以探索与开创各种可能型工作，因此创造、探究、合作能力成为急迫需要的时代能力。⑥

---

① 中华人民共和国教育部.国家中长期教育改革和发展规划纲要（2010—2020年）[EB/OL].[2017-11-19].http://old.moe.gov.cn//publicfiles/business/htmlfiles/moe/moe_838/201008/93704.html.

② 李克强.在国家科学技术奖励大会上的讲话[EB/OL].[2017-11-20].http://cpc.people.com.cn/n/2015/0110/c64094-26360147.html.

③ 胡畔，蒋家傅，陈子超.我国中小学STEAM教育发展的现实问题与路径选择[J].现代教育技术，2016（8）：22—27.

④ 中华人民共和国科学技术部.2016年国家创新驱动发展战略纲要[EB/OL].[2017-11-20].http://www.most.gov.cn/yw/201605/t20160520_125675.html.

⑤ 周淑惠.幼儿STEM教育——课程与教学指引[M].南京：南京师范大学出版社，2021：12.

⑥ 周淑惠.幼儿STEM教育——课程与教学指引[M].南京：南京师范大学出版社，2021：45.

　　未来社会到底需要什么样的人才呢？国内学者郑葳在《中国 STEAM 教育发展报告》一书中提到，数字化、智能化时代是以具备批判性思考、适应能力、协作交流能力、问题解决和创造力以及一定信息素养的科学家、工程师，尤其是电脑工程师和技术工人为主导的人力资源的时代。[①]

　　著名心理学家、北京师范大学教授林崇德依托教育部哲学社会科学研究重大委托专项，领衔 5 所高校 90 余名研究人员组成联合公关项目组，共同研究中国学生发展的核心素养体系，提出了中国学生发展核心素养框架（图 2-1），于 2016 年 9 月正式发布。该框架分为文化基础、自主发展、社会参与三个方面，综合表现为人文底蕴、科学精神、学会学习、健康生活、责任担当、实践创新六大素养，具体细化为十八个基本要点。[②]实践创新成为了其中一个重要的素养。

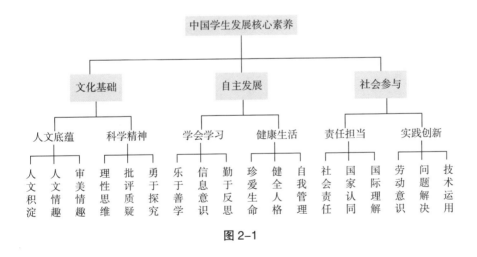

图 2-1

　　分析世界各国在应对未来的挑战时提出的未来人才需要具备哪些关键素养时都关注了合作交流能力、创造力、问题解决能力等方面，我国着重强调应兼具科学精神与人文底蕴。

① 郑葳. 中国 STEAM 教育发展报告 [M]. 北京：科学出版社，2017：17.
② 郑葳. 中国 STEAM 教育发展报告 [M]. 北京：科学出版社，2017：16.

三、STEAM 教育理念与时代对创新应用型人才需求相吻合

在第四次工业革命开始的大背景下，STEAM 教育的理念与时代对创新应用型人才的需求相吻合，于是在很短时间内快速地引起了全球范围的关注。STEAM 教育理念最早是美国政府提出的教育倡议，为加强美国 K12 关于科学、技术、工程、艺术以及数学的教育。STEAM 的原身是 STEM 理念，即 Science（科学）、Technology（技术）、Engineering（工程）、Mathematics（数学）的首字母。鼓励孩子在科学、技术、工程和数学领域的发展和提高，培养孩子的综合素养，从而提升其全球竞争力。近期加入了 Arts，也就是艺术，使其变得更加全面。近年来，STEAM 创新教育越来越受到重视。

STEAM 教育理念强调创造力、合作与交流能力、批判性思维、问题解决能力与未来具有时代特性的人才需求相契合。STEAM 教育以项目为主要途径，多人合作共同解决问题，有利于促进幼儿合作与交流能力的提升。STEAM 教育强调创造性地解决复杂问题有利于促进幼儿创造力及问题解决能力的提升。

第二节　开展 STEAM 教育理念下的幼儿项目活动的意义分析

一、STEAM 教育理念下的幼儿项目活动顺应幼儿的发展特点

（一）STEAM 教育理念重视动手实践能力的培养顺应幼儿动手操作、亲身体验的学习特点

STEAM 教育理念下的活动中，项目是基本的形式。在动手实践去解

决一系列问题过程中，跨学科地学习知识、运用知识，学习者在获得丰富的跨学科认知经验的同时，动手实践能力得以提升。幼儿思维发展主要处于具体形象思维阶段，不同于成人对间接经验的习得，幼儿的学习过程往往体现为"做中学"，即亲身体验、动手操作是其学习的基本方式，而 STEAM 教育理念强调在实践中解决问题，顺应了幼儿喜欢动手操作，亲身体验的特点。

（二）STEAM 教育理念重视对学习者探究能力的培养，顺应幼儿有好奇心、喜欢探究的年龄特点

幼儿天生具有好奇心，对于自然与社会中的各类现象保持很强的好奇心与探究欲望，个体探究能力的培养离不开这种好奇心、喜欢探究的内在驱动力的支持，而 STEAM 教育理念重视探究能力的培养恰好顺应了幼儿好奇心、喜欢探究的年龄特点，这种理念下的活动给幼儿提供了丰富的探究"原材料"，让幼儿在猜想、思考、动手验证和形成经验的过程中提升能力，发展智力。

（三）STEAM 教育理念中重视问题解决能力的培养顺应幼儿正处于大脑发展的关键期的特点

基于 STEAM 教育理念下的幼儿项目活动，重视幼儿在遇到一系列的问题过程中，积极动脑思考，创造性地解决问题。有研究显示，0—6 岁是人大脑发展的关键时期，对于个体智力发展，思维能力提升和与之相关的语言、艺术、数学等多领域智能的发展起着关键作用。而幼儿阶段又是 0—6 岁中重要的阶段，是大脑发展和发育极其迅速的时期，这一时期也是多领域发展的关键期。在此时期开展 STEAM 教育理念下的活动，有利于幼儿大脑的发育，有利于幼儿的创造性思维和思维的灵活性培养，从而更好地达到"问题解决"这一目标。

二、STEAM 教育理念下的项目活动对幼儿发展的作用

（一）STEAM 教育理念下的项目活动能够提高幼儿多方面的能力

1. STEAM 教育理念下的项目活动能够提升幼儿的创造力

有研究者基于建构主义学习环境模型和以学习者为中心的心理学原理，开发了以消除烟雾为主题的 STEAM 教育项目。通过该项目，高年级小学生将学习和应用人体呼吸系统（S）、免疫系统（S）、大数据（M、T）、计算机编程（M）等科学、技术、工程、艺术、数学等融合知识，并直接应用阿迪诺传感器利用率（E）等知识解决问题，解决发现研究 STEAM 教育理念下的活动项目能够发展学生的创造性思维能力，发现和解决学生日常生活中的问题。[1] 还有，韩国学者开发了基于 STEAM 的儿童科学教育项目，为了验证 STEAM 项目的有效性，从位于首尔的日托中心挑选了 28 名（实验组 14 人，对照组 14 人）4 岁儿童，实验组采用 STEAM 课程，对照组接受政府提供的通识教育课程。以创造性思维容忍度测试（TTCT）为研究工具，将教师科学问题解决能力测试工具应用于实验组教师。之后，进行协方差分析以找出程序的效果。结果显示对整体创造力和科学问题解决能力以及流畅性、原创性、抽象性和持久性有积极影响，但在准确性方面则没有，这被认为是决定一个人创造力的不重要因素。[2] 本书的实践研究也可以佐证这一观点。在 2017—2018 年的研究中，研究者以"STEAM 教育理念下戏剧活动"为干预项目，以 61 名大班幼儿为研究对象。实验班幼儿在教师带领下进行 STEAM 教育理念下的戏剧活动，运用课题前期编

① Quan Hai Yan, Byun Moon Kyoung. A Case Study on Development of Fine Dust STEAM Program for Enhancing Engineering Creative Problem Solving Ability of Chinese Elementary School Students [J]. Journal of Engineering Education Research, 2020, 23(2).

② 김형재, 송민서, 홍순옥. The Effects of Science Education STEAM Program on Young Children's Creativity and Scientific Problem-solving Ability [J]. Korea Open Association for Early Childhood Education, 2016, 21(1).

制的过程性量表和评价性量表对幼儿进行学习过程和创造力测试，借助 SPSS 21.0 统计软件进行前测和后测对比分析。经过为期一年的实验，得出结论：在 STEAM 教育理念的戏剧活动影响下，幼儿的创造力得到显著提升[①]。

2. STEAM 教育理念下的项目活动能够提升幼儿的问题解决能力

基于 STEAM 教育理念下的幼儿项目活动强调幼儿在围绕一个项目，解决一系列问题过程中提高问题解决能力。前期研究表明，STEAM 教育理念下的项目活动有助于学生问题解决能力的提升。例如，黄颖开展了 STEAM 教育理念下的活动对 5—6 岁幼儿数学问题解决的影响的研究。研究发现，STEAM 教育理念下的活动有助于提升幼儿数学问题解决能力。[②] 韩国的研究者开展了 STEAM 数学教育活动对幼儿数学问题解决能力及创造力的影响研究，研究也佐证了 STEAM 数学教育活动促进幼儿数学问题解决能力及创造力的提升。[③] 还有研究者开展了探讨 3D 打印联动体育 STEAM 项目对中学生问题解决能力的影响研究，收集了两个不同群体的数据：对照组（n=98）和对照组（n=101），采用 SPSS 23.0，采用描述性统计分析、探索性因素分析、信度分析等统计方法，进行 t 检验，研究结果发现 3D 打印联动体育 STEAM 项目能提高学生的问题解决能力。[④] 不仅如此，有研究者研究了 STEAM 电影教育计划对初级科学天才 STEAM 的创造性人

---

① 孟娜，李俊，李佳景 .Steam 教育理念下戏剧活动对儿童学习过程与创造力的影响研究［J］. 陕西学前师范学院学报，2019，35（3）：1—5.

② 黄颖 . 基于 STEAM 教育理念的活动对 5—6 岁幼儿数学问题解决影响的研究［D］. 上海师范大学，2020.

③ 김정희，정정희 . The Effects of STEAM-Based Mathematical Education Activity on Young Children's Mathematical Problem-solving Ability and Creativity [J]. The Journal of Thinking Development, 2018, 14(4).

④ Gun-Sang Cho, Ik Young Chang, Young-Jun Choi, Eun-Surk Yi. Effects of 3D-Printing Linked Physical Education STEAM Program on Learners' Problem-Solving ability [J]. Indian Journal of Public Health Research & Development, 2018, 9(8).

格、创造性解决问题能力和科学态度的影响；研究发现 STEAM 电影项目被证明在形成创造性人格方面是有效的，特别是在耐心、痴迷、自信、幽默感、好奇心、想象力、开放性等方面有显著差异、冒险精神和独立精神（$p < 0.5$）。其次，使用电影的 STEAM 程序被认为是提高他们解决问题能力的成功方法，特别是在计划实验和创造性解决问题能力方面差异显著（$p < 0.5$）。[①] 由此可见，STEAM 教育理念下的活动能够切实提升个体的问题解决能力，且这种影响对于幼儿是可见的、可检的。

3. STEAM 教育理念下的项目活动能够提升幼儿的合作与交流能力

STEAM 教育理念下的幼儿项目活动，以小组合作为主要方式，在把想象变成现实的过程中提高幼儿的合作与交流能力。例如，在开展"好玩的皮影戏"主题项目活动中，幼儿在制作皮影戏幕布时遇到很多问题，在不断的实践尝试过程中，共同协商，选择适宜的方式与材料合作制作皮影戏幕布。在这个过程中，幼儿知道其他人的想法可能与自己不同，每位同伴都有表达自己想法的权利，也有尝试将自己想法变为现实的权利，在此过程中幼儿学会尊重他人，学会运用合适的方式进行交流，想办法让他人倾听和感受自己的想法，同时也会更加理解他人的想法，进行妥协。不仅如此，有些工作是需要分工完成的，幼儿在制作皮影戏过程中能够找到自己在组内的角色定位，知道自己负责的工作并与他人进行配合去完成项目。总之，幼儿在合作制作幕布的全过程中，学会理解他人，表达自我，分工配合，最终达到完成项目的目的。

4. STEAM 教育理念下的项目活动能够提升幼儿跨学科知识运用能力

STEAM 教育理念下的幼儿活动，强调幼儿在实践中调动和运用各领域

---

① Kim Ji Hwan, Bang Mi Sun, Bae Sung Chur, Hong Yeon Sook, Choi Jong Gyung, Lee Na Ri, Seo Seung Gab, Bae Jinho, Lee Yong Seob, Lee Hyeong Cheol, So Keum Hyun. The Effect of STEAM Education Program Using Movies on the Creative Personality, Creative Problem-solving Ability and Scientific Attitude of Elementary Scientific Gifted [J]. Journal of Science Education, 2014, 38(1).

知识，完成工程项目。一个项目往往是综合的，为了保障项目完成，幼儿不得不调动各领域知识，进行经验的迁移和转换。例如，在探究"种子的秘密"主题项目活动中，幼儿在"种子异同点探究"的小项目过程中，了解了种子的多样性，提高了多角度进行分类的能力，在头脑风暴回答自己的种子异同点的观察与发现时，发现了答案的多种多样，不同的人想法不同，我们需要尊重与理解每个人的想法，这个过程中又提高了幼儿的表达与交流能力；在"种子里面有什么"的小项目过程中，运用了记录工具和探查工具进行观察与记录；在"统计与计算谁先发芽"的过程中，提高了统计与计算能力；在"怎样让倒地的小苗立起来"的小项目过程中，幼儿积极思考各种办法尝试让小苗立起来。从这个案例里面，我们可以看到数学、艺术、科学、技术的综合运用和迁移，同时还包含幼儿语言能力和社会性的发展。

（二）STEAM 教育理念下的项目活动有利于培养幼儿的学习品质

基于 STEAM 教育理念下的幼儿项目活动来源于幼儿兴趣引发的探究问题，问题来源于幼儿的生活，又运用于幼儿的生活，因此幼儿具有强大的内在动机去解决相应的问题，幼儿处于主体地位，因此基于 STEAM 教育理念下的幼儿项目活动有利于培养幼儿主动性、坚持性、创造性、探究性的学习品质。

已有相关的研究表明 STEAM 活动有利于培养幼儿的学习品质，例如缪珺雯通过行动研究途径研究了 STEAM 活动对大班幼儿学习品质影响的研究，选取上海市 X 幼儿园，随机挑选实验组和对照组两个大班共 60 名幼儿作为研究对象，在研究的过程中，对实验组开展 12 个 STEAM 教学活动，对照组按常规的幼儿园科学活动进行教学。活动结束后，通过量性分析和质性分析，围绕幼儿在学习品质中专注能力、坚持能力、抗挫能力、目标意识、探索欲望五个维度的发展情况进行研究，发现在幼儿园实施 STEAM 活动能有效促进幼儿学习品质的发展，具体表现在 STEAM 活动能有效地促进专注能力、坚持能力、抗挫能力、目标意识、探索欲望五个维度的发展。[1] 在 2017—2019 年北京市朝阳区丽景幼儿园开展的 STEAM 教育理念下的幼儿戏剧项目活动中，教师激发了幼儿的好奇心与想象力，让幼儿在感受快乐、体验趣味、提升能力中打开了创意之门，幼儿从舞台搭建到最后呈现完整的演出整个过程均发挥了儿童的主动性，体现了儿童参与，使得幼儿有机会去表达自己的想法，幼儿自主性得以提升，主动性学习品质得以培养。[2]

---

① 缪珺雯 .STEAM 活动对大班幼儿学习品质影响的研究［D］.上海师范大学，2020.

② 孟娜，李俊，李佳景 .Steam 教育理念下戏剧活动对儿童学习过程与创造力的影响研究［J］.陕西学前师范学院学报，2019，35（3）：1—5.

第三章

STEAM 教育理念下的幼儿项目
活动形式与开展原则

STEAM 教育理念下的幼儿项目活动具有跨学科整合、强调问题解决、创造力培养与面向全体幼儿等方面的特征。本书结合幼儿一日生活中的各种活动形式与活动性质，归纳总结出适宜落实 STEAM 教育理念的幼儿项目活动形式，分别是：主题项目活动、区域项目活动和集体教育项目活动。

第一节　STEAM 教育理念下的主题活动

一、借助主题活动落实 STEAM 教育理念的适宜性分析

（一）主题活动的循序渐进性与延续性利于落实 STEAM 教育理念

主题活动，是围绕一个主题展开由浅至深的、持续性的探究活动，重视生成问题和活动延展；STEAM 教育理念提倡围绕一个主题进行深度学习，培养幼儿问题解决、合作与交流、创造性等能力。二者都具有循序渐进与活动延续的特征，具有一定契合性。

（二）主题活动的整合性和跨学科性与 STEAM 教育理念相契合

本书中的主题系列项目活动是围绕着贴近幼儿生活的某一主题开展的一系列项目活动，打破了学科领域的界限，重视整合性与幼儿的整体、全面发展。STEAM 教育理念强调以解决问题为载体，重视跨学科知识的学习与运用，其整合性和跨学科性与主题项目活动形式的特性相契合。

（三）主题活动的实践性与 STEAM 教育理念中重视幼儿动手实践能力的培养相吻合

主题系列项目活动强调幼儿在实践中发现一系列问题，运用各种方法解决一系列的问题，在问题解决过程中培养动手实践能力。STEAM 教育理念比较重视培养幼儿动手实践的能力。主题系列项目活动的实践性与 STEAM 教育理念相吻合。

二、借助主题活动落实 STEAM 教育理念下的原则

（一）生活化原则：主题项目源于幼儿的生活、兴趣、最近发展区

幼儿是主题项目活动的探究主体，因此项目选题应当源于幼儿，参考幼儿在生活中遇到的真实问题、最感兴趣的事物或即将获得能力突破的领域。这样才能更有利于幼儿解决生活中的问题，将所学用于实际，萌发在实践中解决问题的意识。主题项目活动应来源于幼儿的兴趣，才能促进幼儿保持较强的内在动机，让幼儿投之于更多的精力、专注力，从而获得情感与态度、能力与方法、知识与经验等方面的能力。主题项目来源还应当与幼儿的最近发展区相符合，若低于幼儿的最近发展区，主题项目开展就激发不了幼儿持续参与的兴趣；若高于幼儿的最近发展区，就难于发挥幼儿在项目开展过程中的主体性。

（二）价值性原则：选择有探究价值，可行性强并能促进幼儿发展的探究问题

STEAM 教育理念最大的一个特征是重视幼儿问题解决能力的培养。因此，在设计主题时，教师要考虑到问题是否具有探究价值、对幼儿的难易程度是否适宜、是否具有可操作性及可行性、是否能促进幼儿能力的发展、是否能促进幼儿在实践中跨学科地运用相应的知识、是否能让幼儿养成良好的学习品质。

（三）目标性原则：重视分析主题项目下的 STEAM 要素及幼儿多方面的学习与发展目标

STEAM 教育理念重视科学、技术、工程、艺术、数学五门元学科的融合。跨学科应用是 STEAM 教育理念的重要特征之一。因此，在设计基于 STEAM 教育理念的幼儿项目活动时，教师需要提前分析主题项目下的 STEAM 要素，分析通过此主题幼儿需要达成的情感、学习品质方面的目标，在一系列问题解决过程中提高问题解决、创造力、合作与交流、设计等能力方面的目标，以及可以让幼儿在跨学科应用的过程中获得科学、技术、工程、艺术、数学等方面的知识与经验。

第二节　STEAM 教育理念下的区域项目活动形式

一、借助区域项目活动形式落实 STEAM 教育理念的适宜性分析

（一）区域活动中幼儿体现出的自主性、创造性、动手实践性与 STEAM 教育理念相吻合

区域活动的教育价值主要附着在活动区内的材料、情境和相应的活动

中，幼儿通过直接参与活动获得多种直接、自然的经验。在活动区内，幼儿可以自由地探索。STEAM 教育同样是通过提供学生"动手做"的体验机会，让学生在参与式体验中动手解决问题，在自主探究中学习知识、增长见闻，强调幼儿在教师的指导下通过观察与实验操作收集资料、分析线索，最终得出结论。[①] 例如，在建构区中，教师提供低结构性材料，供幼儿自主选择。幼儿在动手操作的过程中发挥想象力，在对现实生活丰富感知和体验的基础上，创造性地根据项目需要进行搭建。

（二）区域活动为项目活动的实施提供环境资源，有利于落实STEAM 教育理念

幼儿有着与生俱来的好奇心和探索热情，这一点决定了适宜的学习环境创设和教学材料提供至关重要。玩具和教育材料是儿童的探索对象，能够激发和促进幼儿的学习。区域材料是支持幼儿个别化学习的基本要素。材料的丰富性、层次性、吸引力决定了区域活动能够在多大限度上支持不同学习进度、学习风格、学习节奏的幼儿进行个别化学习。这也要求教师在区域的个别化学习中，以具备吸引力、引导性和层次性的学习材料来支持幼儿的操作和研究。[②] 例如，在科学区中，有供幼儿探索声、光、电、力等的玩教具材料，都可以供幼儿探索使用；建筑区中，有许多积木和可回收材料，可以用来建构和进行工程探索。不仅如此，区域的环境创设能够作为认知和操作的学习资源，满足幼儿学习需要，还可以为幼儿提供丰富的审美体验。例如，美工区环境中展示的作品能够启发幼儿创作灵感，展示的步骤、技能要求可以支持幼儿自主学习。

---

① 闵天钰.幼儿园 STEM 区域活动实施探究［D］.华中师范大学，2020.
② 王微丽主编.《幼儿园区域活动：环境创设与活动设计方法》［M］.北京：中国轻工业出版社，2014：106.

（三）区域活动可以容纳5—8名幼儿，更利于产生小组内的深度合作与交流，落实 STEAM 教育理念

幼儿在 STEAM 理念下的区域活动中应该扮演思考者和探究者的角色，始终处于主体地位；幼儿园教师则是启发者和支持者，支撑和引导幼儿区域活动的顺利开展。为保障幼儿的主体性，教师需要给予幼儿充分的探索空间和交流机会。一般而言，区域活动主张5—8名幼儿参与，形成学习共同体。这种小组化活动形式更有利于幼儿与同伴、教师就探究主题和内容展开持续性的深入探究。在遇到问题和解决问题过程中，每位幼儿都能够有机会发表自己的见解，提出意见。在工程的设计和实施环节，找到自己在小组内的任务和角色，完成相应的工作内容。这样的学习过程要求教师以多样的身份给予支持和关注，根据项目要求和幼儿个体化特质进行启发式提问、邀请同伴示范、持续观察记录等方式的个别化指导。例如，在案例"制作摘柿子工具"中，教师为幼儿提供组内交流讨论的机会，在幼儿遇到问题时及时地采取图片、视频等方式帮助幼儿积累经验。

二、借助区域活动形式落实 STEAM 教育理念的原则

（一）整合性原则：整合两门及以上 STEAM 元学科

虽然 STEAM 教育强调科学、技术、工程、艺术和数学五门元学科之间的整合，我们也需要考虑到 STEAM 教育理念的落实是一个长期的过程，由许许多多小的 STEAM 活动构成。单个 STEAM 活动并不要求将五门元学科全部融合起来。好的"整合"通常以 STEAM 中的一部分学科为活动的焦点，将另一部分作为背景。换而言之，每个区域都有各自的核心经验，因此我们可以以每一个区域的核心经验为重要发展目标，再设置1—2个辅助目标。

（二）生活化原则：活动情境及材料紧密联系幼儿生活和原有经验

投放合适材料以及创设情境同样是教师参与区域活动的重要方式。发现问题是开展 STEAM 教育的关键。幼儿认知发展规律决定了这个年龄阶段的幼儿更愿意学习与自己有关或与身边的事物有关的东西，有了学习的兴趣，幼儿才可能进行更为有效的学习。为了培养幼儿对现实生活的关注，教师应创设具有生活性的问题情境或选择幼儿生活中的真实问题。其次，活动内容的选择和材料的投放要贴近幼儿的生活，为幼儿提供合适的物质环境。由于幼儿生活经验有限，熟悉的环境和材料更容易促进幼儿的知识迁移。贴近生活的操作材料能够最大限度地为幼儿带来真实的体验，促使他们能将所学应用到生活中去，提升幼儿在生活中解决真实问题的能力。

（三）主体性原则：发挥每一位幼儿的主体性，幼儿有自主选择活动的权利

区域活动中教师要充分给予幼儿选择的权利，例如，去哪玩、和谁玩、玩什么。每个区域的规则并不是束缚幼儿自主活动的借口，教师应该根据活动的具体内容适当调整活动区的常规，提供充足的探究空间让他们能够大胆创造、自由表达，为幼儿营造一个自由的环境。同时，教师要学会倾听。幼儿对身边的一切都充满了疑问，就像"十万个为什么"一样不断追问。教师耐心倾听幼儿提出的问题，了解幼儿的真实观点和活动感受。教师需要给予幼儿充分交流与思考的机会，让幼儿想说、敢说、愿意说。

（四）适切性原则：为幼儿选择合适的材料

幼儿的思维具有形象性的特点。材料是激发幼儿主动探究欲望的刺激物，又是认识物质世界的中介。因此。操作材料是幼儿思维的基石，脱离了操作材料的探索将是一纸空谈。美国心理学家耶克斯和多德森认为，中

等程度的动机水平最有利于学习效果的提高。因此提供给幼儿的材料应该适合幼儿的年龄特征及其发展水平，最大限度地激发幼儿探索的积极性。教师要及时更新材料，观察幼儿使用材料的情况，反思材料蕴含的能力要点是否适应幼儿新的发展水平，并进一步调整材料。只有这样，教师才能充分发挥材料的作用。[①]

第三节　STEAM 教育理念下的教育活动的项目形式与路径

一、借助教育活动形式落实 STEAM 教育理念的适宜性分析

（一）教育活动的集体参与性与 STEAM 教育理念重视关注全体幼儿发展的理念相吻合

幼儿园教育活动是指教师有目的、有计划地设计、组织与开展的一切有教育意义的活动。教师会根据大部分幼儿的最近发展区设计能支架全体幼儿发展的活动。因此，幼儿在活动中的集体参与性就变得越发重要。STEAM 教育理念关注全体幼儿的发展。这与幼儿园教育活动的集体参与性相吻合。例如在"探究蜗牛的秘密"项目活动中，班级大部分的幼儿对于蜗牛喜欢吃什么都非常感兴趣，于是大家开展了项目活动，调查蜗牛喜欢吃什么。在这个过程中，所有的幼儿都参与其中，契合了 STEAM 教育理念重视关注全体幼儿发展的理念。

---

① 汪秀宏，王微丽，霍力岩主编 . 支架儿童的主动探究：STEM 与个别化学习［M］. 北京：北京师范大学出版社，2019：171.

（二）教育活动重视教师引导与支架为落实 STEAM 教育理念提供了客观的条件

幼儿发展有着固定的阶段性特质，每个阶段都有相应的能力发展要求，教师结合幼儿年龄特点组织和开展相应的教育活动。教师对于幼儿的发展点需要非常清晰，若没有教师的引导与支架，幼儿获得的经验是零散的、不系统的，甚至获得的是一系列非关键的经验，因此教师的引导与支架在幼儿园教育活动中尤为重要。教师提前储备有关幼儿想要探究问题的百科知识，了解幼儿最近学习与发展的目标，设计有利于幼儿达成最近学习与发展目标的活动，这为落实 STEAM 教育理念提供了客观的条件。

（三）教育活动多样化的教育与学习方法有利于促进 STEAM 教育理念的落实

教育方式的多样化有利于促进 STEAM 教育理念的落实。例如在开展生命科学领域的教育活动时，幼儿可以通过观察学习法、对比学习法、分类学习法、分享式学习法、动手操作法等学习方法获得情感与态度、能力与方法、知识与经验方面的进步。教师可以采用实验法、头脑风暴法、直观演示法、启发式提问法、榜样示范法等教育方法促使幼儿热爱生命、学会照顾动植物，获得有关动植物相关的知识与经验，潜移默化地落实了 STEAM 教育理念重视动手操作、重视问题解决、重视创造力培养、重视探究能力提升的理念。

（四）教育活动中重视幼儿动手操作的特性与 STEAM 教育重视提高动手实践能力的观念相吻合

幼儿喜欢亲身体验、动手操作的学习方式。优质的幼儿园教育活动都非常重视幼儿的动手操作的学习方式。这符合幼儿的年龄发展特点及具体形象思维的特点。STEAM 教育非常重视动手实践能力的提升，重视以在实践中发现问题，运用相关的知识、技能解决问题，要求孩子动手动脑，使得孩子主动实践、注重过程。因此，教育活动中重视幼儿动手操作的特性与 STEAM 教育理念重视动手实践能力的提升相吻合。

（五）教育活动中的总结展示部分与 STEAM 教育理念重视分享与交流的特性相吻合

幼儿园教育活动过程主要包含导入部分、基础部分、结束部分三大环节。基础部分聚焦于幼儿动手操作，占据教育活动的三分之二；结束部分聚焦于总结与展示，是一个展示自我、梳理经验的平台。对于在集体面前分享的幼儿来说，获得了分享与当众表达与交流的机会；对于倾听同伴分享的成果的幼儿来说，了解了更为丰富的经验，向不同的同伴学习。STEAM 教育理念重视学生的分享与交流，如在分享过程中提高交流与表达能力，在倾听过程中提高尊重他人和理解他人想法与观点的能力。

总而言之，教育活动的特性与 STEAM 教育理念在多个层面、多个维度、多个方面不谋而合。因此，教育活动落实 STEAM 教育理念是适宜的。

二、借助 STEAM 教育理念落实教育活动项目的原则

（一）集体性原则：STEAM 教育理念下的教育活动设计来源于全班幼儿的共性需求，促进全体幼儿的发展

幼儿园教育活动是幼儿园教师有目的、有计划地面向全体幼儿开展的活动。因此教师在设计教育活动时，需要首先进行观察与评估，全班幼儿目前需要发展的共性问题是什么，然后依据全班幼儿的最近发展区设计教育活动，构思教育方法，准备适宜的教育材料。

（二）操作性原则：STEAM 教育理念下的教育活动设计要格外重视幼儿的动手操作，让幼儿在动手实践过程中获得发展

3—6 岁幼儿的思维有具体形象性的特点，理解不了过于抽象的概念释义。因此，教师在设计教育活动时要格外重视幼儿的动手操作，让幼儿在游戏体验、动手实践的过程中获得相应的丰富的经验。例如在教育活动"探秘自行车"中，教师若采用纯语言的方式讲解自行车的构造，那么传递给幼儿的只是非灵活的知识，无法发展幼儿的探究能力、问题解决能力、创造能力、合作与交流能力等，更无法培养幼儿的学习品质。若教师采用让幼儿自己动手组装自行车的方式进行开展教育活动，幼儿将会投之以巨大的学习热情与探究动力，在实践操作中提高动手操作能力、合作与交流能力、问题解决能力等，培养主动性、坚持性、专注性等学习品质，获得并运用科学、技术、数学、工程、艺术等方面的知识。

（三）平衡性原则：STEAM 教育理念下的教育活动实施过程中需要计划性与灵活性并存，尊重每位幼儿的个性特征，因材施教

虽然教育活动是幼儿教师提前设计的活动，具有较强的计划性，但是幼儿园教育活动的对象是幼儿。幼儿的行为表现是生动的、灵活的、不可精准预测的。因此在实施教育活动时，教师要重视计划性与灵活性并存，尊重每位幼儿的个性特征，因材施教。

第四章
STEAM 教育理念下的幼儿项目活动目标

第一节　STEAM 教育理念下的幼儿
项目活动学习品质目标

《3~6 岁幼儿学习与发展指南》（以下简称《指南》）中明确指出要重视幼儿的学习品质，包括：积极主动、认真专注、不怕困难、敢于探究和尝试、乐于想象和创造等良好学习品质。忽视培养幼儿学习品质，单纯追求知识、技能学习的做法是短视的；因为单纯的技能学习可能会出现幼儿难以运用所学内容或技巧解决实际问题的情况，还可能出现难以迁移学习方法，在新旧经验之间建立联系的问题。[①] 已有研究表明，让幼儿保持良好的学习品质，对其学习科学有着积极的影响，例如，能够促进幼儿在科学探究中动手操作，在实践中掌握因果关系、力和运动等科学知识与概念。其次，由于幼儿的发展规律限制，注意力持续的时间较短。因此，在STEAM 项目活动中，教师应该支持幼儿对感兴趣的事情进行持续探究，并确保探究的时间长度适宜其年龄特征。

---

① ［美］安・S. 爱泼斯坦（Ann S. Epstein）. 学习品质：关键发展指标与支持性教学策略［M］. 霍力岩译. 北京：教育科学出版社，2018：24—25.

STEAM 项目强调幼儿的主动参与，以及在真实问题情景中的持续探究，并且能够不断地发现问题、解决问题。这就需要幼儿不断反思自己的行为，适时调整。本书对 STEAM 项目中幼儿所需要的学习品质进行系统梳理，包括主动性、专注性、计划性、反思性、挑战性。

主动性：幼儿在探索世界时表现出的主动性。具体行为描述为：幼儿渴望学习；幼儿在探索关系、材料、动作和想法时表现出好奇心、独立性和自我导向性。

专注性：幼儿专注于感兴趣的活动。具体行为描述为：幼儿持续参与并专注于游戏；幼儿是坚持、积极的并能保持专注的状态。①

计划性：幼儿根据自己的意图制订计划并付诸实施。具体行为描述为：幼儿根据自己的兴趣做出计划、进行决策、表达选择和意图；幼儿的计划逐渐变得详细和复杂；幼儿会按自己的计划行动。②

反思性：幼儿对自己的经验进行反思。具体行为描述为：幼儿运用自己的经验得出关于人、材料、事件和想法的结论；幼儿将已经掌握的和正操作与学习的内容进行联系。

挑战性：遇到困难不退缩。具体行为描述为：遇到问题幼儿能够想办法解决问题；敢于尝试新的事物，在探索环境时会进行合理的冒险。

① ［美］安·S. 爱泼斯坦（Ann S. Epstein）. 学习品质：关键发展指标与支持性教学策略［M］. 霍力岩译. 北京：教育科学出版社，2018：24—25.
② ［美］安·S. 爱泼斯坦（Ann S. Epstein）. 学习品质：关键发展指标与支持性教学策略［M］. 霍力岩译. 北京：教育科学出版社，2018：24—25.

表 4-1 STEAM 教育理念下的幼儿项目活动学习品质目标

目标维度 年龄班	小班学习品质目标	中班学习品质目标	大班学习品质目标
幼儿在探究世界时表现主动性（主动性学习品质）①	1. 幼儿偏好使用熟悉的材料。 2. 在大组活动时间观察他人活动。 3. 在小组活动时间，以观察到的其他幼儿使用材料的方式来使用材料	1. 用一种到两种方式探索新材料。 2. 在大组活动时间，模仿其他幼儿的行为。 3. 小组活动时间，在观察其他幼儿操作材料的基础上用不同方法去操作材料	1. 用多种方式探索新材料。 2. 在大组活动时间，积极参与或领导活动。 3. 在小组活动时间，尝试自己的想法。 幼儿在探索世界时表现出主动性。 （描述：幼儿渴望学习。幼儿在探索关系、材料、动作和想法时表现出好奇心、独立性和自我导向性）
幼儿能够专注于感兴趣的活动（专注性学习品质）②	1. 在短时间内持续参与一项感兴趣的活动。 2. 观察专注于一项任务或活动的其他人	1. 在项目中能探索一个或两个材料。 2. 在适度的时间内持续参与一项感兴趣的活动。 3. 参与一项看起来对他人有吸引力的活动	1. 围绕主题完成作品，持续比较长的一段时间。 2. 在长时间内持续参与一项感兴趣的活动。 3. 邀请他人来支持或延伸一项有吸引力的活动。 幼儿专注于感兴趣的活动
幼儿根据自己的意图制订计划并付诸实施（计划性学习品质）③	1. 指向一个他们想要使用或玩的材料。 2. 说出一个他们想要工作的区域。 3. 制订了一项计划，但做的是与计划不同的事	1. 说出一个计划进行游戏的区域的名字，并能说出1—2种材料的名字。 2. 每天都计划操作同样的材料或重复同样的活动。 3. 开始实施计划，但之后可能转向其他区域活动	1. 制订了一项包括区域、材料、行为和（或）与之共同游戏的伙伴等详细信息的计划。 2. 能够在第二天继续计划并扩展活动。 3. 工作时间中，有较长时间用在实施最初的计划。 幼儿根据自己的意图制订计划并付诸实施。 （描述：幼儿根据自己的兴趣做出计划、进行决策、表达选择和意图。幼儿的计划逐渐变得详细和复杂。幼儿会按照自己的计划行动）

---

① ［美］安·S. 爱泼斯坦（Ann S. Epstein）. 学习品质：关键发展指标与支持性教学策略［M］. 霍力岩译. 北京：教育科学出版社，2018：37.

② ［美］安·S. 爱泼斯坦（Ann S. Epstein）. 学习品质：关键发展指标与支持性教学策略［M］. 霍力岩译. 北京：教育科学出版社，2018：52.

③ ［美］安·S. 爱泼斯坦（Ann S. Epstein）. 学习品质：关键发展指标与支持性教学策略［M］. 霍力岩译. 北京：教育科学出版社，2018：47.

目标维度 年龄班	小班学习品质目标	中班学习品质目标	大班学习品质目标
幼儿对自己的经验进行反思（反思性学习品质）[1]	1. 向成人指出或展示他们玩过的东西。 2. 回忆起他们使用过的一份材料或做过的一件事情。 3. 讲述一些他们做过的与当前事件联系密切的事情	1. 回忆起他们做过的一件事的某些细节。 2. 联系到相关的经验。 3. 把在工作时间所做的事情和他们最初的计划联系在一起	1. 详细地回忆并描述一件或更多件他们所做的事情。 2. 说出一段经历与已有经历相比，哪些是一样的和哪些是不一样的。 3. 基于前期经验来行动
遇到困难不退缩（挑战性学习品质）[2]	1. 遇到问题，尝试解决问题，或主动求助他人。 2. 遇到困难，能够在成人协助下，尝试坚持克服困难	1. 遇到问题时，尝试通过多种途径解决问题；在不能解决时，主动求助他人。 2. 遇到困难，尝试克服困难	1. 遇到问题时，主动通过多种途径解决问题。 2. 遇到困难时，主动通过多种途径尝试解决问题，或与同伴协作解决问题

第二节　STEAM 教育理念下的幼儿项目活动能力目标

STEAM 教育理念下的项目活动注重对个体能力的培养。在领域整合的活动设计模式下，幼儿的活动过程是对于问题的发现和解决，对于知识的调取、迁移和转化运用，更是在原有的基础上进行创造，把头脑中的概念和想法变成大胆的设计并将自己的设计付诸行动，参与到项目的全过程，

---

① ［美］安·S. 爱泼斯坦（Ann S. Epstein）. 学习品质：关键发展指标与支持性教学策略［M］. 霍力岩译. 北京：教育科学出版社，2018：88.

② 邹红英. 幼儿挑战性运动关键经验的内涵、特征与教育价值［J］. 学前教育研究，2019（2）：89—92.

完成一项工程。这是一个完整的探索过程，对幼儿的能力发展起到至关重要的作用。

本节主要讨论基于 STEAM 教育理念的幼儿项目活动能力目标。在本节中，将 STEAM 教育理念中比较注重的六个能力目标按照幼儿发展的阶段性进行拆分，细化为小班、中班和大班。这六个能力维度目标分别是：（1）在项目活动中能够发挥创造力；（2）实施项目时能够动手动脑解决问题；（3）能够在项目中进行合作，与同伴和成人积极交流；（4）在实施项目时动手进行实验；（5）能够对项目进行前期设计；（6）在项目中发展探究能力。在 STEAM 教育理念下项目活动中，幼儿能力发展的指标是这六个目标的有机整合。幼儿能力发展的路径是从小班到大班的纵向过程。

创造能力：STEAM 教育理念重视对幼儿创造力的培养。创造力培养的关键是幼儿创造性思维的发展。创造力主要包含流畅性、灵活性、独创性和精密性。

问题解决能力：幼儿在项目中能够发现问题，解决问题。问题解决包含发现问题、解决问题、运用材料和解决冲突。

合作与交流能力：在项目实施过程中能够相互帮助、邀请他人进行项目并完成分工，在过程中表达自己的意见和想法，进行讨论和协商。

动手实施能力：在实验过程中能够进行猜想、验证、并通过动手操作形成结论。

设计能力：在确定活动目的的基础上进行设计，并用各种图示完成自己的设计并适当修改自己的设计。

探究能力：在项目活动开展过程中能动手动脑进行探究并掌握一定的探究方法。

表 4-2 STEAM 教育理念下的幼儿项目活动能力目标

目标维度年龄班	小班能力目标	中班能力目标	大班能力目标
目标 1 在项目活动中能够发挥创造力	1. 能够有意识地注意身边的事物并进行模仿。 2. 在成人引导下，对提出的问题能够简单发表自己的想法。	1. 对提出的问题能够发表自己的意见和想法。 2. 能够想出一两个办法解决问题。 3. 在原有事物基础上进行简单的调整和修改，创造出事物的新特征。 4. 能够关注到事物一些特质及实施的关键步骤。	1. 对提出的问题能快速发表自己的想法和意见。 2. 能够想出多种办法解决问题或应用多种表征去表现自己的想法。 3. 在项目中找到事物的不同功能和玩法，提出自己独到的见解或想出人没想到的做法。 4. 关注到事物的每一个细节以及要实施的具体步骤。
目标 2 实施项目时能够动手动脑解决问题	1. 在成人引导下发现材料或项目中明显的问题。 2. 遇到问题主动寻求成人帮助	1. 遇到问题时，若自己解决不了，能寻求帮助解决问题。 2. 在项目活动中能发现问题。 3. 尝试一两种解决问题的方法。 4. 遇到冲突时，在成人的帮助下能解决问题。	1. 遇到问题时能采取多种办法去解决。 2. 能提前想好怎么做能避免问题出现。 3. 遇到问题时，能尝试分析原因并进行解决。 4. 能够通过商讨，少数服从多数等方式解决遇见问题的冲突。
目标 3 能够在项目中进行合作，与同伴和成人积极交流	1. 在成人引导下专注地自己游戏，使用类似的材料进行平行游戏。 2. 在项目同一阶段与他人有接触。 3. 要求他人关注自己的发现，并通过模仿展现自己的发现。	1. 在项目目同一阶段与他人进行类似活动。 2. 在项目过程中或游戏情境中与同伴有简单的语言、动作交流，进行联合游戏。 3. 用简单语言描述自己的发现。	1. 与同伴一起进行项目，互相交流想法，考虑每个人的想法和长处。 2. 寻找机会与其他人一起进行比较复杂的项目。 3. 邀请他人加入项目，并给他人分配工作和角色。 4. 对事物的起因和原因进行口头解释和描述。

目标维度年龄班	小班能力目标	中班能力目标	大班能力目标
目标4 在实施项目时动手进行实验	1. 喜欢动手操作材料，乐于拆除、分离物品。 2. 在进行操作时能够注意到现象。 3. 可以简单地使用材料并观察实验结果	1. 对操作材料感兴趣。 2. 在进行实验时会根据现象进行简单提问。 3. 通过试误的方式去探索材料性质。 4. 根据一次观察和经验得出结论	1. 在实验之前能够有猜想并通过实验去验证自己的猜想。 2. 将材料特征与实验内容进行匹配、选择。 3. 在试误之后能够找到问题，逐渐培近正确答案。 4. 根据多次实验的结果得出结论
目标5 能够对项目进行前期设计	1. 尝试在操作中确定活动主题或活动目的。 2. 在操作过程中发现问题，并通过试误，修改作品	1. 结合操作，根据主题或活动要求，明确活动目的。 2. 尝试画出设计图，根据设计图准备试材料，进行工程	1. 从主题出发，根据活动主题需求，确定活动目的。 2. 画出设计图，根据设计图准备材料，划分活动环节，进行工程制作。 3. 观察作品，发现问题及时修改自己的计划
目标6 在项目中发展探究能力	1. 基于兴趣开展探究，并发现事物明显特征。 2. 能用实际操作、亲身体验的方式进行探索，探索过程中运用多种感官	1. 能在观察、比较的基础上发现事物的共同点和差异。 2. 在成人引导下进行调查并收集信息并用符号记录结果	1. 能通过观察、比较、发现并描述不同种类物体的特征或某个事物前后的发展、变化。 2. 能养成在探究开展前制订调查计划的习惯并执行自己的计划。 3. 能用数字、图画、图标等多种符号或信息手段进行记录

第三节　STEAM 教育理念下的幼儿项目活动知识与经验目标

STEAM 教育理念下的幼儿项目活动主要包含科学、技术、工程、艺术、数学五个元学科。其中，科学领域的知识与经验主要包括生命科学、物质科学、地球与空间科学三部分；技术领域的知识与经验主要包括应用技术、使用材料、使用工具；工程领域的知识与经验主要包括工程认知、工程设计、工程制作；STEAM 教育理念下的艺术学科指的是包含我们传统认识中的艺术和其他所有人文学科，艺术领域的知识与经验主要包含艺术、社会、语言三个领域；数学领域的知识与经验主要包含数与量、形状与空间。

一、STEAM 教育理念下的幼儿项目活动科学领域知识与经验

（一）STEAM 教育理念下的幼儿项目活动生命科学领域知识与经验

生命科学领域知识与经验主要包含有七个方面，分别是：生物的身体特征、生物的基本需求、生物的简单行为、生物的生长变化、生物的多种多样、生物的生命周期、生物与环境的相互作用。对于七方面的内容，各年龄阶段的幼儿有不同的目标。

表 4-3　STEAM 教育理念下的小班幼儿项目活动生命科学领域知识与经验 [①]

维度	目标
生物的身体特征	1. 辨别各种动物和植物的基本外显特征。 2. 知道生物是由不同的部分组成的。 3. 认识人体的外部特征及各部分的作用

[①] 张俊等.幼儿园科学领域教育精要：关键经验与活动指导［M］.北京：教育科学出版社，2015：82—88.

维度	目标
生物的基本需求	4.知道生物有各种需要
生物的简单行为	5.知道常见动物的主要行动方式。 6.知道常见生物的简单的行为
生物的生长变化	7.知道动物会长大，植物会长高。 8.感知动植物是会不断变化的
生物的多种多样	9.感知身边的动植物是多种多样的。 10.初步理解在同一个环境中，会有不同的生物存在。 11.对动植物进行基本的比较
生物的生命周期	12.能将生物的特征与年龄建立联系
生物与环境的相互作用	13.发现动物与植物需要环境中的水、阳光才能长得好。 14.了解坏天气会伤害植物生长。 15.感受人与动植物的生活是相关的。 16.人们喜欢花草，都爱护花草树木、小动物、小昆虫

表 4-4　STEAM 教育理念下的中班幼儿项目活动生命科学领域知识与经验 [①]

维度	具体目标
生物的身体特征	1.发现并描述某一类动物和植物的共同特征。 2.辨别和比较动物和植物的特征。 3.初步理解植物也是有生命的，而有些会动的东西不是生物。 4.能根据动植物的不同特征分类
生物的基本需求	5.开始理解所有动物生存都需要食物、水和居所。 6.知道动物生存依赖于植物和其他动物。 7.知道植物需要水、空气、阳光以维持生存和生长。 8.了解动物和植物的需求得到满足才能生存，否则就会死亡
生物的简单行为	9.知道动物不同的行动方式，如飞翔、钻、爬、蹦跳等。 10.知道动物的行为具有差异性。 11.知道动物依赖自己的行为去获取基本需求。 12.植物不能像动物一样到处移动，但是能够对周围环境做出反应
生物的生长变化	13.感知动植物的生长的基本过程：动物经历为：幼崽—成熟动物—生宝宝当爸爸妈妈；昆虫经历为：卵—幼虫—成虫—产卵—死亡；植物经历为：种子萌发—幼苗—生长—开花—结果实种子。 14.知道常见动植物的变化顺序。 15.了解动植物生长速度与形态变化有不同

①　张俊等.幼儿园科学领域教育精要：关键经验与活动指导［M］.北京：教育科学出版社，2015：82—88.

维度	具体目标
生物的多种多样	16. 感知与体会生物的多种多样，千差万别；动植物各有多种类、多品种。 17. 观察动植物之间的相同点与不同点。 18. 尝试对不同物种或同一物种进行概括。 19. 尝试进行简单的分类、概括
生物的生命周期	20. 初步感知并描述部分动植物的生命周期。 21. 发现动物和植物都经历了出生、生长发育、繁殖、成长、死亡的过程。 22. 体会它们自己曾经是婴儿，现在已逐步长大
生物与环境的相互作用	23. 感知动植物适应季节的变化。冬季动物的迁徙、筑巢、储存食物、冬眠植物的长叶、落叶等。 24. 动植物适应环境的变化。食物和水源、气候的变化、天敌的情况

表 4-5 STEAM 教育理念下的大班幼儿项目活动生命科学领域知识与经验[①]

维度	具体目标
生物的身体特征	1. 能够理解生物的结构和功能之间的关系。 2. 比较两种或更多种生物的相似性与不同点。 3. 能区分生物和非生物
生物的基本需求	4. 知道所有动物生存的基本需求。如：水、空气、食物、适宜的环境。 5. 理解各种动物和植物满足基本需求的不同方法。 6. 初步了解人对环境的需要
生物的简单行为	7. 知道动物行为具有差异性。如繁殖行为、社群行为等。 8. 知道动物的运动与自身的特征和所处的环境相关。 9. 初步了解动植物的行为会受到内部提示和外部提示的影响
生物的生长变化	10. 知道影响动植物生长变化的因素：动物生长的速度受食物质量、数量的影响；植物生长的速度与质量与水、温度、阳光、土壤和环境有关。如落叶树的变化与气温变化有关。 11. 了解动植物生长变化的过程。 12. 能够根据观察探索获得的依据、进行交流
生物的多种多样	13. 根据动植物的相似性和差异性将其分类。 14. 感受不同植物和动物的多样性和变化。 15. 观察和了解同一种动植物也具有细微的差别。 16. 知道动植物繁殖方式的多样性

① 张俊等.幼儿园科学领域教育精要：关键经验与活动指导［M］.北京：教育科学出版社，2015：82—88.

维度	具体目标
生物的生命周期	17. 感受不同生命体的生命周期长短和细节是不同的。 18. 根据观察、感知和描述植物与动物的生命周期。 19. 初步了解自己家庭成员涉及的关于人的生命周期的现象
生物与环境的相互作用	20. 感知和体会动植物会引起生存环境的变化。 21. 体会环境的性质对生物行为模式的影响。 22. 初步感知动物的生存离不开植物。 23. 运用个人对动植物需要的理解，为动植物创设生存环境。 24. 初步感知和理解动植物的外部特征、习性与生存环境是相互适应的。 25. 感知和体验人类的生存依赖于自然环境和人文环境

（二）STEAM 教育理念下的幼儿项目活动物质科学领域知识与经验

STEAM 教育理念下幼儿项目活动物质科学领域知识与经验主要包含有三个方面，分别是：物体与材料的特性、物体的位置与运动、声光电磁热等物理现象。

表 4-6　STEAM 教育理念下的小班幼儿项目活动物质科学领域知识与经验 [①]

维度	具体目标
物体与材料的特性	1. 感知物体和材料具有软硬、光滑和粗糙等特性。 2. 在操作中发现液体会流动。 3. 感知液体的颜色、味道不同。 4. 尝试将不同的液体进行混合
物体的位置与运动	5. 感知没有生命的物体自己不会动，需要被推、拉、扔或其他作用于它的动作才会动。 6. 初步感知和体会推或者拉可以改变物体的位置和运动状况。 7. 感知不同的物体放在水中，会产生不同的结果。 8. 感知自然界各种不同的声音
声光电磁热等物理现象	9. 感知不同的物体会发出不同的声音。 10. 体验不同的声音代表不同的意义。 11. 感知光有明暗（亮度）。 12. 发现光有不同的来源。 13. 发现光能够产生影子。 14. 感知磁铁能够吸铁。 15. 感知有的物体热，有的物体冷

① 张俊等. 幼儿园科学领域教育精要：关键经验与活动指导［M］. 北京：教育科学出版社，2015：90—94.

表 4-7　STEAM 教育理念下的中班幼儿项目活动物质科学领域知识与经验 ①

维度	具体目标
物体与材料的特性	1. 根据物体的特性区分物体。 2. 发现物体的性质会影响其运动（例如，圆的球会滚动）。 3. 发现材料的性质会发生改变（例如，将红色和黄色颜料混合变成了橘黄色）。 4. 了解物体的特性是可以测量的。 5. 认识到液体总是向下流淌。 6. 感知和体验材料具有溶解、传染等性质或用途
物体的位置与运动	7. 发现物体的形态或位置会发生变化。 8. 尝试和体会物体的运动可以被阻止。 9. 发现物体在不同光滑程度的平面上，运动的快慢会不同。 10. 感知声音的不同特性，可以是高的或者轻柔的（音量），可以是尖锐的或者低沉的（音调）。 11. 尝试改变声音的特征（例如，让鼓更响）。 12. 探索各种能让物体产生声音的方法。 13. 感知声音可以通过物体传播。 14. 探索光和影子的关系。 15. 尝试改变影子的特征（例如，通过改变角度让影子更长）。 16. 感知静电现象
声光电磁热等物理现象	17. 体验热的物体会变冷，冷的物体会变热。 18. 感知磁铁之间具有相互作用。 19. 感知热可以通过多种方式产生（例如，燃烧、摩擦）

表 4-8　STEAM 教育理念下的大班幼儿项目活动物质科学领域知识与经验 ②

维度	具体目标
物体与材料的特性	1. 感知物体的结构与功能之间存在的关系。 2. 发现材料的特性可以通过某种途径进行改变（例如，加热、冷冻、混合、折弯）。 3. 发现不同材料的特性通过不同的方式可以进行改变。 4. 发现材料有不同的存在状态：固态、液态和气态（例如，水的三态变化）。 5. 使用简单的工具对物体的性质（例如，大小、重量、温度等）进行测量和比较

① 张俊等. 幼儿园科学领域教育精要：关键经验与活动指导［M］. 北京：教育科学出版社，2015：90—94.

② 张俊等. 幼儿园科学领域教育精要：关键经验与活动指导［M］. 北京：教育科学出版社，2015：90—94.

续表

维度	具体目标
物体的位置与运动	6. 感知物体有多种运动方式（例如，直线运动、圆周运动）。 7. 发现物体的运动方式是可以被改变的。 8. 发现影响物体运动的因素有多种。 9. 感知物体的运动状态随着外界条件的改变而发生变化（例如，改变斜坡，让球滚得更远）。 10. 探索各种器械，发现机械的作用。 11. 进一步探索各种力的现象（例如，浮力、摩擦力、弹力等）
声光电磁热等物理现象	12. 发现声音的特征（例如，音量、音调）与声音的来源有关。 13. 感知噪声的产生及危害。 14. 感知光的亮度取决于光源和光源的距离。 15. 发现影子的大小和形状与物体和光源的位置有关。 16. 体验光对生活的重要性。 17. 感知简单的电路。 18. 感知电器在日常生活中的用途。 19. 尝试使用常见的电子产品。 20. 感知磁铁可以互相吸引或者相互排斥，也可以吸引或排斥某些其他材料。 21. 体验磁铁在生活中有广泛的应用。 22. 知道热可以在物体之间相互传递

（三）STEAM 教育理念下的幼儿项目活动地球与空间科学领域知识与经验

表 4-9　STEAM 教育理念下的小班幼儿项目活动地球与空间科学领域知识与经验 [①]

维度	具体目标
地球物质的特性	1. 知道地球上有很多物质，包括岩石、土壤、水分、大气等。 2. 认识到我们周围有空气，空气是看不见、摸不着的。 3. 了解沙、石、土、水的基本特征（例如，土壤的颜色、软硬等）
天气与气候	4. 感知各种天气现象（例如，阴、雨、晴）。 5. 感知和体会天气是会变化的。 6. 体验常见的天气与气温的变化关系（例如，下雪天寒冷、晴天温暖）。 7. 学习使用常见的表示天气的词汇（例如，雨、雪、晴）

① 张俊等. 幼儿园科学领域教育精要：关键经验与活动指导［M］. 北京：教育科学出版社，2015：96—99.

维度	具体目标
太阳与月亮的活动	8. 认识到太阳和月亮存在于天空中。 9. 知道太阳和月亮的位置是不断变化的。 10. 知道和使用与天空特征有关的词汇（例如，太阳、月亮、星星、云）
地球与人类的活动	11. 知道人类生活在地球上。 12. 感知和体验天气对自己生活和活动的影响（例如，会想"下雨了，我不能出去玩"）

表 4-10　STEAM 教育理念下的中班幼儿项目活动地球与空间科学领域知识与经验 ①

维度	具体目标
地球物质的特性	1. 能够描述沙、石、土、水、空气的类型和特点（例如，水是透明的、可以流动的）。 2. 知道地球物质具有不同的用途（例如，石头可以用来建造房子）
天气与气候	3. 感知各种天气现象及其特点。 4. 了解四季的名称。 5. 了解四季是不断变化的。 6. 发现不同季节有各自的特点。 7. 感知各个季节的典型特征。 8. 体验和发现周围的环境在每个季节的变化。 9. 感知和体验不同季节的有特色的天气状况
太阳与月亮的活动	10. 知道太阳和月亮每天都在运动。 11. 了解月亮是不断变化的
地球与人类的活动	12. 知道地球的物质提供了人类使用的多种资源。 13. 知道人类的生活离不开空气。 14. 体验季节对自己生活和活动的影响

表 4-11　STEAM 教育理念下的大班幼儿项目活动地球与空间科学领域知识与经验 ②

维度	具体目标
地球物质的特性	1. 理解沙、土、石、水具有不同的种类，不同种类的特性存在差异（例如，能理解岩石的形状、软硬、纹理不同）。 2. 初步理解地球物质对于人和动物、植物生存的重要性（例如，水和空气对生命的意义）

---

①　张俊等. 幼儿园科学领域教育精要：关键经验与活动指导［M］. 北京：教育科学出版社，2015：96—99.

②　张俊等. 幼儿园科学领域教育精要：关键经验与活动指导［M］. 北京：教育科学出版社，2015：96—99.

维度	具体目标
天气与气候	3. 感知每天的天气都会变化的。 4. 感知天气模式随着季节变化。 5. 体验四季的变化顺序。 6. 体验季节变化的周期性。 7. 知道天气可以通过相关测定的量来表示（例如，温度、风速、风向等）。 8. 初步体会和了解不同季节与动物、植物的关系。 9. 初步感知和理解季节变化与人类生活的关系
太阳与月亮的活动	10. 通过观察知道太阳和月亮的基本运动模式。 11. 知道太阳提供了保持地球温度所需的光和热。 12. 初步了解地球的表面在不断地变化（例如，风化和侵蚀的影响）
地球与人类的活动	13. 知道地球的变化会影响人类的生活。 14. 了解空气污染对人类有危害（例如，雾霾的危害）。 15. 知道要节约用水、保护水源的清洁。 16. 初步了解自然灾害对人类生活的影响（例如，地震）

二、STEAM 教育理念下的幼儿项目活动技术领域知识与经验

STEAM 教育理念下的幼儿项目活动技术领域知识与经验包含应用技术、使用材料、使用工具三个方面。从技术教育的角度考虑，STEAM 教育理念中包含的技术内容是基本技术经验，尚不涉及对技术的深化理解。技术知识与经验蕴含在幼儿身边的环境当中，是幼儿在探索世界的过程中形成的直接感受与经验，是幼儿建构对世界认知过程中的重要组成部分。

表 4-12　STEAM 教育理念下的幼儿项目活动技术学科知识与经验 [①]

维度	小班	中班	大班
应用技术	1. 初步感知幼儿园及家庭中使用的技术。 2. 能够在教师的引导下，发现街道、地面上使用的技术。 3. 在教师的提醒下，能够在探索技术的过程中保护自己	1. 感知并了解幼儿园及家庭中使用的技术，对常见的技术应用感兴趣。 2. 能够在教师的引导下，发现街道、地面上、地面下的应用技术。 3. 能够在探索技术的过程中保护自己	1. 熟悉幼儿园及家庭中应用的技术，对技术感兴趣。 2. 乐于发现街道、地面上、地面下的应用技术。 3. 能够在探索技术的过程中保护自己，提醒他人注意安全

① ［德］瓦西里奥斯·伊曼努埃尔·费纳科斯主编. 德国学前儿童技术教育［M］. 滕薇等译. 上海：华东师范大学出版社，2020：12.

维度	小班	中班	大班
使用材料	1.在生活中，关注并感知幼儿园及家庭中能接触到的一般材料（例如，美工材料、厨房食材等）。 2.喜欢摆弄材料	1.在教师的指导与协助下，感知并探索幼儿园及家庭中能接触到的各类材料（例如，一般材料、建造用材料、可循环材料等）。 2.喜欢摆弄材料，并能够在摆弄过程中关注材料的特征。 3.尝试在活动和游戏中，添加、使用新材料	1.在生活中，乐于感知并探索幼儿园及家庭中能接触到的各类材料（例如，一般材料、建造用材料、可循环材料等）。 2.喜欢摆弄材料，并能够在摆弄过程中发现材料的特征，归纳材料的特点。 3.利用不同的材料制作作品
使用工具	1.对常见材料感兴趣，乐于用多种感官参与到观察和探索中。 2.能够在完成作品后，用词语或简单语句介绍自己的作品。 3.能够在活动中，运用熟悉的工具完成作品或项目。 4.能够在活动中，意识到可以用熟悉的技术解决问题	1.能够使用常见的探查工具，探究事物（例如，放大镜、尺子）。 2.能够在教师、同伴的协助下，使用图画、简单符号的方式记录项目活动的进度和发现。 3.能够结合活动目的，选择适宜的工具。 4.能够使用熟悉的技术解决问题	1.使用探查工具探究事物（例如，放大镜、尺子）。 2.能够结合活动目的，选择适宜的工具。 3.能够熟练地使用技术解决问题

三、STEAM 教育理念下的幼儿项目活动工程领域知识与经验

基于 STEAM 教育理念下的幼儿项目活动工程领域知识与经验主要包含有三个方面，分别是：工程认知、工程设计、工程制作。工程是技术与材料组成的系统。对于幼儿来说，感知工程系统的过程中，受部分与整体意识发展的限制。在对工程形成感知经验的基础上，幼儿再围绕项目目的综合运用各种技术与材料，完成工程。

表 4-13 STEAM 教育理念下的幼儿项目活动工程领域知识与经验

具体维度年龄班	小班	中班	大班
工程认知	1.在教师引导下，初步感知身边的工程工作	1.能够初步感知并关注到身边的工程	1.喜欢关注身边的工程
工程设计	2.能够一边摆弄材料，一边确定作品主题	2.在教师引导下，根据自己的主题，完成作品	2.设计主题，并根据自己的主题，完成作品

具体维度年龄班	小班	中班	大班
工程制作	3. 在教师的协助下，选择材料，使用工具	3. 根据作品的需要，选择适宜的材料、工具	3. 根据作品的需要，选择适宜的材料、工具

四、STEAM 教育理念下的幼儿项目活动艺术领域知识与经验

STEAM 教育理念下的幼儿项目活动艺术领域的知识与经验主要包含艺术、社会、语言三个领域。

（一）STEAM 教育理念下的幼儿项目活动艺术领域知识与经验

STEAM 教育理念中的艺术，是科艺融合视角下的艺术，是为充满了理智与逻辑的工程项目中增添柔软情感的艺术。艺术领域的加入，让幼儿有机会借这一契机宣泄情绪，表达自己的情感和态度，形成独特的世界观与价值观，对幼儿的终身发展有深远影响。[1] 不同于学前学科所说的艺术，而是更广泛的人文学科。

表 4-14　STEAM 教育理念下的幼儿项目活动艺术领域知识与经验 [2]

具体维度年龄班	小班	中班	大班
感受与欣赏	1. 喜欢观看花草树木、日月星空等大自然中美的事物。 2. 容易被自然界中的鸟鸣、风声、雨声等好听的声音吸引。 3. 喜欢听音乐或观看舞蹈、戏剧等表演。 4. 乐于观看绘画、泥塑或其他艺术的作品	1. 在欣赏自然界和生活环境中美的事物时，关注其色彩、形态等特征。 2. 喜欢倾听各种好听的声音，感知声音的高低、长短、强弱等变化。 3. 能够专心地观看自己喜欢的文艺演出或艺术品，有模仿和参与的愿望。 4. 欣赏艺术作品时会产生相应的联想和情绪反应	1. 乐于收集美的物品或向别人介绍所发现的美的事物。 2. 乐于模仿自然界和生活环境中有特点的声音，并产生相应的联想。 3. 艺术欣赏时常常用表情、动作、语言等方式表达自己的理解。 4. 愿意和别人分享、交流自己喜爱的艺术作品和美感体验

---

① 李欢. 新中国幼儿园艺术教育价值取向的嬗变与反思（1949—2012）[D]. 东北师范大学，2017.

② 中华人民共和国教育部制定. 3~6 岁儿童学习与发展指南 [M]. 北京：首都师范大学出版社，2012：58—60.

具体维度 年龄班	小班	中班	大班
表现与创造	5.经常自哼自唱或模仿有趣的动作、表情和声调。 6.经常涂涂画画、粘粘贴贴并乐在其中。 7.能模仿学唱短小歌曲。 8.能够跟随熟悉的音乐做身体动作。 9.能用声音、动作、姿态模拟自然界的事物和生活情景。 10.能用简单的线条和色彩大体画出自己想画的人或事物	5.经常唱唱跳跳，愿意参加歌唱、律动、舞蹈、表演等活动。 6.经常用绘画、捏泥、手工制作等多种方式表现自己的所见所想。 7.能用自然的、音量适中的声音基本准确地唱歌。 8.能通过即兴哼唱、即兴表演或给熟悉的歌曲编词来表达自己的心情。 9.能用拍手、踏脚等身体动作或可敲击的物品敲打节拍和基本节奏。 10.能运用绘画、手工制作等表现自己观察到或想象的事物	5.积极参与艺术活动，有自己比较喜欢的活动形式。 6.能用多种工具、材料或不同的表现手法表达自己的感受和想象。 7.艺术活动中能与他人相互配合，也能独立表现。 8.能用基本准确的节奏和音调唱歌。 9.能用律动或简单的舞蹈动作表现自己的情绪或自然界的情景。 10.能自编自演故事，并为表演选择和搭配简单的服饰、道具或布景。 11.能用自己制作的美术作品布置环境、美化生活

（二）STEAM 教育理念下的幼儿项目活动社会领域知识与经验

STEAM 教育理念下的幼儿项目活动社会领域知识与经验，包含人际交往和社会适应两个方面。STEAM 教育理念与《3~6 岁儿童学习与发展指南》对社会领域的价值取向有异曲同工之妙。幼儿阶段的社会知识与经验，注重在真实生活情境中，以自身体验为主要途径，感受各类学习契机中潜在的、渗透的社会知识与经验。[①]

（三）STEAM 教育理念下的幼儿项目活动语言领域知识与经验

STEAM 教育理念下的幼儿项目活动语言领域知识与经验包含倾听与表达、阅读与书写准备两方面。STEAM 教育理念下的项目活动是一个经验复合、领域融合的深度学习过程，语言知识与经验占据重要地位。语言是思维的外壳，幼儿在项目活动中的思维过程必须借助语言外显；幼儿与同伴的合作也离不开语言的链接。

---

①　李莉.新中国幼儿园社会领域课程的发展历程［J］.学前教育研究，2006（2）：11—13.

表4-15 基于STEAM教育理念下的幼儿项目活动社会知识与经验①

具体维度 年龄班	小班	中班	大班
人际交往	1. 愿意和小朋友一起游戏。 2. 愿意与熟悉的长辈一起活动。 3. 想加入同伴的游戏时，能友好地提出请求。 4. 在成人指导下，不争抢玩具。 5. 与同伴发生冲突时，能听从成人的劝解。 6. 能根据自己的兴趣选择游戏或其他活动。 7. 为自己能做的事情感到高兴。 8. 喜欢承担一些小任务。 9. 长辈讲话时能认真听，并能听从长辈的要求。 10. 身边的人生病或不开心时能表示同情。 11. 在提醒下能做到不打扰别人。	1. 喜欢和小朋友一起游戏，有经常一起玩的小伙伴。 2. 喜欢和长辈交谈，有事愿意告诉长辈。 3. 会运用介绍自己、交换玩具等简单技巧加入同伴游戏。 4. 对大家都喜欢的东西能轮流、分享。 5. 与同伴发生冲突时，能听从成人帮助下和平解决。 6. 不欺负弱小。 7. 能按自己的想法进行游戏或其他活动。 8. 知道自己的一些优点和长处，并对此感到满意。 9. 自己的事情尽量自己做，不愿意依赖别人。 10. 敢于尝试有一定难度的活动和任务。 11. 会用礼貌的方式向长辈表达自己的要求和想法。 12. 能注意到别人的情绪，并有关心、体贴的表现。 13. 知道父母的职业，能体会到父母为养育自己所付出的辛劳。	1. 有自己的好朋友，也喜欢结交新朋友。 2. 有问题愿意向别人请教。 3. 有高兴的或有趣的事愿意与大家分享。 4. 能想办法吸引同伴和自己一起玩游戏。 5. 活动时能与同伴分工合作，遇到困难能一起克服。 6. 与同伴发生冲突时能自己协商解决。 7. 知道别人和自己的想法有时和自己不一样，能倾听和接受别人的意见，也能说明理由。 8. 不欺负别人，也不允许别人欺负自己。 9. 能主动发起活动或在活动中出主意、想办法。 10. 做了好事或取得成功后还想做得更好。 11. 自己的事情自己做，不会的愿意学。 12. 主动承担任务，遇到困难能够坚持而不轻易求助。 13. 与别人的看法不同时，敢于坚持自己的意见并说出理由。 14. 能有礼貌地与人交往。 15. 能关注别人的情绪和需要，并能给予力所能及的帮助。 16. 尊重为大家提供服务的人，珍惜他们的劳动成果。 17. 接纳、尊重与自己的生活方式或习惯不同的人。

---

① 中华人民共和国教育部制定. 3~6岁儿童学习与发展指南[M].北京：首都师范大学出版社，2012：29-41.

具体维度 年龄班	小班	中班	大班
社会适应	13. 对群体活动有兴趣。 14. 对幼儿园的生活好奇，喜欢上幼儿园。 15. 在提醒下，能遵守游戏和公共场所的规则。 16. 知道不经允许不能拿别人的东西，借别人的东西要归还。 17. 在成人提醒下，爱护玩具和其他物品。 18. 知道和自己一起生活的家庭成员及与自己的关系，体会到自己是家庭的一员。 19. 能感受到家庭生活的温暖，爱父母、亲近和信赖长辈。 20. 能说出自己家所在街道、小区（乡镇、村）的名称。 21. 认识国旗，知道国歌	15. 愿意并主动参加群体活动。 16. 愿意与家长一起参加社区的一些群体活动。 17. 感受规则的意义，并能基本遵守规则。 18. 不私自拿不属于自己的东西。 19. 知道说谎是不对的。 20. 知道接受了的任务要努力完成。 21. 在提醒下，能节约粮食、水电等。 22. 喜欢自己所在的幼儿园和班级，积极参加集体活动。 23. 能说出自己家所在地的省、市、县（区）名称，知道当地有代表性的物产或景观。 24. 知道自己是中国人。 25. 奏国歌、升国旗时能自动站好	18. 在群体活动中积极、快乐。 19. 对小学生活有好奇和向往。 20. 理解规则的意义，能与同伴协商制定游戏和活动规则。 21. 爱惜物品，用别人的东西时也知道爱护。 22. 做了错事敢于承认，不说谎。 23. 能认真负责地完成自己所接受的任务。 24. 爱护身边的环境，注意节约资源。 25. 愿意为集体做事，为集体的成绩感到高兴。 26. 能感受到家乡的发展变化并为此感到高兴。 27. 知道自己的民族，知道中国是一个多民族的大家庭，各民族之间要互相尊重、团结友爱。 28. 知道国家一些重大成就，爱祖国，为自己是中国人感到自豪

表 4-16　STEAM 教育理念下的幼儿项目活动语言知识与经验 [1]

具体维度 年龄班	小班	中班	大班
倾听与表达	1. 别人对自己说话时能注意听并做出回应。 2. 能听懂日常会话。 3. 愿意在熟悉的人面前说话，能大方地与人打招呼。 4. 基本会说本民族或本地区的语言。 5. 愿意表达自己的需要和想法，必要时能配以手势动作。 6. 能口齿清楚地说儿歌、童谣或复述简短的故事。 7. 与别人讲话时知道眼睛要看着对方。 8. 说话自然，声音大小适中。 9. 能在成人的提醒下使用恰当的礼貌用语	1. 在群体中能有意识地听与自己有关的信息。 2. 能结合情境感受到不同语气、语调所表达的不同意思。 3. 方言地区和少数民族幼儿能基本听懂普通话。 4. 愿意与人交谈，喜欢谈论自己感兴趣的话题。 5. 会说本民族或本地区的语言，基本会说普通话。少数民族聚居地区幼儿会用普通话进行日常会话。 6. 能基本完整地讲述自己的所见所闻和经历的事情。 7. 讲述比较连贯。 8. 别人对自己讲话时能回应。 9. 能根据场合调节自己说话声音的大小。 10. 能主动使用礼貌用语，不说脏话、粗话	1. 在集体中能注意听老师或其他人讲话。 2. 听不懂或有疑问时能主动提问。 3. 能结合情境理解一些表示因果、假设等相对复杂的句子。 4. 愿意与他人讨论问题，敢在众人面前说话。 5. 会说本民族或本地区的语言和普通话，发音正确清晰。少数民族居住地区幼儿基本会说普通话。 6. 能有序、连贯、清楚地讲述一件事情。 7. 讲述时能使用常见的形容词、同义词，语言比较生动。 8. 别人讲话时能积极主动地回应。 9. 能根据谈话对象和需要，调整说话的语气。 10. 童得按次序轮流讲话，不随意打断别人。 11. 能依据所处情境使用恰当的语言。如在别人难过时会用恰当的语言表示安慰

① 中华人民共和国教育部制定.3~6 岁儿童学习与发展指南［M］.北京：首都师范大学出版社，2012：17-27.

具体维度 年龄班	小班	中班	大班
阅读与书写准备	10. 主动要求成人讲故事、读图书。 11. 喜欢跟读韵律感强的儿歌、童谣、乱扔。 12. 爱护图书，不乱撕，不乱扔。 13. 能听懂短小的儿歌或故事。 14. 会看画面，能根据画面说出图中有什么、发生了什么事等。 15. 能理解图书上的文字是和画面对应的。 16. 喜欢用涂涂画画表达一定的意思	11. 反复看自己喜欢的图书。 12. 喜欢把听过的故事或看过的图书讲给别人听。 13. 对生活中常见的标识、符号感兴趣，知道它们表示一定的意义。 14. 能大体讲出所听故事的主要内容。 15. 能根据连续画面提供的信息，大致说出故事情节。 16. 能随着作品的展开产生喜悦、担忧等相应的情绪反应，体会作品所表达的情绪情感。 17. 愿意用图画和符号表达自己的愿望和想法。 18. 在成人提醒下，写写画画时姿势正确	12. 专注地阅读图书。 13. 喜欢与他人一起谈论图书和故事的有关内容。 14. 对图书和生活情境中的文字符号感兴趣，知道文字表示一定的意义。 15. 能说出所阅读的幼儿文学作品的主要内容。 16. 能根据故事的部分情节或画面画面的线索猜想故事情节的发展，或续编、创编故事。 17. 对看过的图书，听过的故事能说出自己的看法。 18. 能初步感受文学语言的美。 19. 愿意用图画和符号表现事物或故事。 20. 会正确书写自己的名字。 21. 写画时姿势正确

五、STEAM 教育理念下的幼儿项目活动数学领域知识与经验

STEAM 教育理念下幼儿项目活动数学领域的知识与经验主要分为两大方面，分别是感知和理解数、量及数量关系，感知形状与空间关系。数与形，是构成数学领域知识与经验的核心内容。①《指南》以幼儿亲身感知与操作为数学学习的主要途径和幼儿数学知识与经验评价的主要依据，能够为 STEAM 教育理念下的数学知识与经验发展目标提供参考。

（一）STEAM 教育理念下的幼儿项目活动感知和理解数、量及数量关系的知识与经验

感知和理解数、量及数量关系的知识与经验包含比较、数概念和数运算、数的表征与表达三方面。幼儿对数学的感知与体验来自身边的环境与自身的经历。STEAM 教育理念下的项目活动为幼儿提供了丰富的动手操作机会，让幼儿在操作中获得了丰富的直接经验，形成了对数学的初步感知。比较的基础是幼儿对物体的属性特征的把握。幼儿在项目活动中，通过参与工程、使用技术，接触到大量的真实材料，形成具体的感受，如粗细、大小、长短、轻重等；数的学习是幼儿数学学习的重要内容，包括数概念和数运算。幼儿在生活中能够接触到大量与数有关的内容，在参与项目的过程中能够有大量运用数的机会。在操作材料、使用技术、完成工程的项目活动中，幼儿能够在真实情景中认识数、使用数、学习数；数的表征与表达代表了幼儿从理解具体的数到抽象的数之间的过渡。在项目活动中，幼儿要根据项目的需要，在必要的时候通过不同的方式表征或表达的数。

---

① 周欣.《指南》"数学认知"目标解读［J］.幼儿教育，2013（16）：17—19.

表 4-17 STEAM 教育理念下的幼儿项目活动数学领域—感知和
理解数、量及数量关系知识与经验[①]

具体维度 / 年龄班	小班	中班	大班
感知和理解数、量及数量关系	1.能感知和区分物体的大小、多少、高矮、长短等量方面的特点，并能用相应的词表示。 2.能通过一一对应的方法比较两组物体的多少。 3.能手口一致地点数 5 个以内的物体，并能说出总数。能按数取物。 4.能用数词描述事物或动作（例如，我有 4 本图书）。 5.体验和发现生活中很多地方都用到数	1.能感知和区分物体的粗细、厚薄、轻重等量方面的特点，并能用相应的词语描述。 2.能通过数数比较两组物体的多少。 3.能通过实际操作理解数与数之间的关系（例如，5 比 4 多 1；2 和 3 合在一起是 5）。 4.会用数词描述事物的排列顺序和位置。 5.在指导下，感知和体会有些事物可以用数来描述，对环境中各种数字的含义有进一步探究的兴趣	1.初步理解量的相对性。 2.借助实际情境和操作（例如，合并或拿取）理解"加"和"减"的实际意义。 3.能通过实物操作或其他方法进行 10 以内的加减运算。 4.能用简单的记录表、统计图等表示简单的数量关系。 5.能发现事物简单的排列规律，并尝试创造新的排列规律。 6.能发现生活中许多问题都可以用数学的方法来解决

（二）STEAM 教育理念下的幼儿项目活动感知形状与空间关系的
知识与经验

STEAM 教育理念下的幼儿项目活动感知形状与空间关系的知识与经验包含形状与空间两部分。形状与空间，是幼儿在生活中，从身边环境、自身体验中感知并总结得出的。相较于数与量，形状与空间与其他领域的联系也更加密切。幼儿在生活中接触大量的形状，拥有丰富的形状感知经验。不同年龄段幼儿有不同的形状表征形式，体现了幼儿形状抽象能力的不同水平。空间方位认知与生活关联紧密，是幼儿在生活中体会、并能直

---

① 中华人民共和国教育部制定.3~6 岁儿童学习与发展指南［M］.北京：首都师范大学出版社，2012：52.

接在生活中表征与表达的一类知识经验。

表 4-18　STEAM 教育理念下的幼儿项目活动

数学领域—感知形状与空间关系知识与经验[①]

具体维度 年龄班	小班	中班	大班
感知形状与 空间关系	1.能注意物体较明显的形状特征，并能用自己的语言描述。 2.感知和发现周围物体的形状是多种多样的。 3.能感知物体基本的空间位置与方位，理解上下、前后、里外等方位词	1.能感知物体的形体结构特征，画出或拼搭出该物体的造型。 2.能感知和发现常见几何图形的基本特征，并能进行分类。 3.能使用上下、前后、里外、中间、旁边等方位词描述物体的位置和运动方向。 4.在指导下，感知和体会有些事物可以用形状来描述	1.能用常见的几何形体有创意地拼搭和画出物体的造型。 2.能按语言指示或根据简单示意图正确取放物品。 3.能辨别自己的左右

---

① 中华人民共和国教育部制定.3~6 岁儿童学习与发展指南［M］.北京：首都师范大学出版社，2012：49—54.

第五章
基于 STEAM 教育理念的幼儿项目活动实施思路

第一节 基于 STEAM 教育理念的幼儿
项目活动实施思路概述

一、确定项目任务

确定项目任务是活动实施的第一步，是项目活动的起始阶段。在此阶段，教师需要根据幼儿的兴趣、最近发展区来与幼儿共同讨论选择与讨论项目。在选择过程中，教师要仔细斟酌选题的探究性，以及项目活动的支撑形式。如果项目可延伸性、可持续性强，可以采用主题类的项目活动；如果项目是个别幼儿的兴趣，可以采用区域类的项目活动；如果是全班幼儿需要解决的共性问题，并可以在 30 分钟以内解决的项目活动，可以采用集体教育活动类项目活动。

确定项目任务过程中，需要遵循生活化原则、探究性原则、最近发展区原则。项目要来源于幼儿的生活，并对幼儿的生活、学习等产生积极的经验迁移影响，有利于促进幼儿跨学科运用知识解决实际问题的能力，提高幼儿的成就感。斟酌项目的适宜性，可从是否具备探究性的角度进行分析。若项目具有探究性，则能很好地促进幼儿探究能力的发展。在与幼儿讨论项目过程中，尊重幼儿的主体性，能提高幼儿的合作与交流能力。

二、小组设计

小组设计是项目活动实施的第二步，是动手实践的前提，关乎着动手实践阶段的质量与效果，是不可或缺的重要环节。

在本书当中，"小组"是指 2 个或 2 个以上幼儿或老师组成的团体，"设计"是指幼儿将一种设想通过规划、计划，采用各种方式（绘画、符号、语言、模型）表达出来的过程。例如，对于物品制作类的 STEAM 项目活动，设计是物品制作的前提，在制作物品之前的计划及计划的过程便是设计。因此，本书中的"小组设计"是指小组幼儿围绕一个项目，进行思考、讨论、交流、构思、计划，并用各种方式例如绘画、符号、语言、模型等进行表达。幼儿在参与小组设计过程中，表达自己的想法，倾听他人的想法，合作与交流能力得以锻炼，将构想以各种方式表现出来，设计能力也得以提升。

三、动手实践

动手实践是项目活动实施的第三步，起着承上启下的作用，是小组成员将小组的设计以实践的方式实现。在这个过程中的参与程度，质量和效果与之后的展示分享密不可分。动手实践是指幼儿亲自动手参与到创造、制作、探究的活动中来。在动手实践过程中，幼儿发现问题、积极想办法跨学科地学习知识、运用知识去解决问题，问题解决能力得以解决，科学、技术、工程、艺术、数学领域的知识在运用当中习得，并加深印象。动手实践是幼儿最喜欢的学习方式，非常符合幼儿具体形象思维的年龄特点，因此在动手实践过程中，幼儿的主动性学习品质、专注性学习品质等都得以培养。

四、展示分享

展示分享是项目活动的第四步，也是项目活动的收尾阶段。在此阶段，幼儿要回顾这段时间以来自己的发现、探索。当幼儿的努力得到自己、同伴及老师的认可时，幼儿的成就感能得以最大程度的激发。同时，展示分享阶段给了幼儿自我表达的空间与平台。幼儿在表达过程中，表达能力得以提升，在倾听他人表达过程中，了解更多的经验、观点、想法。

第二节　基于 STEAM 教育理念的幼儿
项目活动实施步骤

本节具体阐述了基于 STEAM 教育理念的幼儿项目活动实施的四大步骤，确定项目任务、小组设计、动手实践、展示分享。通过这四大步骤培养幼儿的各类学习品质，提高幼儿的创造力、设计能力、问题解决能力、合作与交流能力、探究能力、动手实践能力，促进幼儿跨学科地运用科学、技术、工程、艺术、数学五大领域的知识与经验。

一、确定项目任务

（一）确定项目任务概述

确定项目任务最重要的是"寻核心驱动问题"。核心驱动问题源于真实的问题情境，这种真实不一定是现实空间中发生的，但是一定要引起幼儿的共鸣。优质核心驱动问题应该具备以下三大特征：第一，开放性。核心驱动问题应是有讨论空间且有开放结果的。幼儿需要的是一个结果开放的环境，他们可以在探索中尽可能地发散思维、持续思考，从而达到深度学习。第二，挑战性。一个合适的核心驱动问题应该充分考虑幼儿的最近发展区，是幼儿有潜力通过多方合作支持、多次尝试、深度探究得以解决的，不能过于简单。第三，相关性。项目化学习使教师可以将幼儿已有的知识与新的情境联系起来。教师要以多种方式基于幼儿提出问题的时间与机会，激发幼儿探究的兴趣。[①] 教师要鼓励幼儿提出问题，认真倾听并迅速记录下幼儿的各种问题，并将这些问题进行价值判断和选择，形成有探究意义和价值的问题，作为探究的起点。

（二）确定项目任务具体流程

图 5-1

1. 选择主题

在这一环节中，教师应以幼儿的已有经验为生长点，为幼儿创设真实的问题情境，帮助幼儿感受、初步体验，引起幼儿兴趣，激发幼儿参与项目式学习的积极性，为接下来的学习打下基础。问题情境的创设可以是生活中的现实问题，例如"如何将柿子摘下来"，于是幼儿提出想要制作"摘柿子神器"的想法。也可以虚拟情境，例如在建筑区里引发幼儿思考"如何给小鸡搭一个家""帮助小熊铺路"等等，需要注意的是，问题情境创设要自然，可以充分利用社区资源、家长资源，既可以引资源入园，也可以让幼儿走出幼儿园；注意鼓励幼儿多感官、多角度感知。

---

① 桑国元，王佳怡. 项目化学习在幼儿园活动中的实施 [J]. 教育理论与实践, 2021, 41(26)：61—64.

2. 进行讨论

在讨论环节，教师要充分了解幼儿对主题的已知经验，整理相关主题的资料，并营造宽松、平等、开放的讨论氛围。鼓励并调动幼儿运用已有经验、知识储备进行讨论。在幼儿自由讨论过程中，教师需要认真倾听并迅速记录下幼儿的各种问题，并将这些问题进行价值判断和选择。例如，在"一园青菜成了精"的戏剧表演中，幼儿发现来回换装非常麻烦，于是想到了制作"多变"戏服的想法，针对如何制作，幼儿通过各种讨论提出可以隐藏在里面，变装的时候直接把外面撕下来，还有的小朋友说可以通过折叠的方式将变身的衣服隐藏在里面，然后变装的时候直接打开就行。

3. 丰富经验

在这一环节中，需要教师和幼儿根据问题确定收集的资料，教师要确定收集资料的内容、方向，引导幼儿了解收集资料可以获得的答案、得到与主题相关的更多信息，使幼儿明确收集资料的意义与途径，从而促进幼儿自主自发的学习行为。

确定了需要收集的资料后，教师可以鼓励家长也参与到项目中。家园共育不仅能够丰富课程资源，另一方面家长也能够对项目活动提出建议。幼儿在收集资料后还需要和同伴分享自己收集的内容，促进同伴之间相互学习。在分享的基础上，教师需要就幼儿收集的材料进行分类整理，并将结果呈现在环境中，方便幼儿再次查看。例如，在"好玩的皮影戏"中，了解到幼儿想要自己制作皮影戏幕布支架，教师就需要和幼儿一起先了解关于皮影戏的相关知识与经验，也可以带领幼儿进行实地参观，了解皮影制作及皮影戏演出过程，丰富其前期经验。

4. 再次讨论

这一环节根据收集资料后的再学习、再讨论、再发现新的问题，之前的计划又很可能会被推翻。面对这些新生成的问题，教师要和幼儿一起分析问题，寻找可以探究的问题，初步尝试寻找解决问题的办法。值得注意的是，幼儿可以将自己感兴趣的问题用不同的方式记录并展示。这种记录既可以是文字记录（教师辅助），也可以绘画的形式，还可以拍照记录。例如在"搭建天安门"的过程中，幼儿前期已经了解了天安门的相关知识，但是需要什么材料，在哪搭，搭多大，幼儿陷入了再次的讨论中。

二、小组设计

（一）小组设计阶段概述

小组设计实施流程包含丰富经验、分析特点和要素、构思并表征、经验分享这四大部分。对于不同年龄阶段的幼儿，其设计能力是不可同日而语的。对于 3—4 岁的幼儿来说，设计往往体现出"边做边想"的特点，行动先于思维。4—5 岁幼儿，可以尝试用语言、绘画、符号等进行简单的设计，在与教师讨论中或在教师引导下，完成设计的一部分内容，但其设计往往是片面的、突然的。5—6 岁幼儿逻辑思维初步萌芽，设计能力大大提升，能够在设计中体现探究结果、经验获得情况。不仅如此，这时幼儿的设计往往体现出多元表征和创造力发挥的特点，其设计是不断随着认识、讨论不断更新、调整的。

（二）小组设计阶段具体实施流程

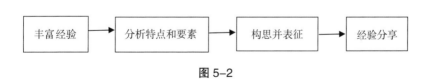

图 5-2

"丰富经验"是进行项目设计的基础。教师在确定项目任务后，往往需要通过回顾前期的调查、师幼一起选择和寻找相关资料进行探究和了解，明确所做工程的基本性状特征，在此基础上进行设计。不仅如此，丰富幼儿的前期经验不仅仅在于认识所做工程的基本要素，更要求幼儿有设计能力，即认识设计表。在这个过程中需要明确：设计表是什么，需要做什么，设计表每一部分的基本内容包含什么？由于幼儿不识字，设计表中往往是比如，"放大镜"在表格中代表调查的问题，"娃娃头"代表小组成员……只有知道这些，有了类似经验和常规培养，幼儿才算顺利完成"丰富经验"阶段。教师在过程中需要注意对幼儿探究能力、认识能力日积月累的培养，关注幼儿在填写调查表、设计表、记录表等相关表格中的问题，提升幼儿的记录能力。

"分析特点和要素"是完成项目设计的必经之路。在理解所做工程的基础上，幼儿需要思考和分析工程的特点。比如，在"搭建蘑菇大棚"的案例中，幼儿要了解到大棚独特的特点：大棚的形状取决于骨架搭建、塑料布需要铺在骨架外面进行固定，骨架往往是硬的、可塑性强的，幼儿要对这些特点、顺序有初步的了解。而要素分析则是对材料和工程结构的认识，比如：在"制作垃圾分类宣传片"过程中，幼儿要知道宣传片包含片头、字幕、音乐等要素，且片头需要放在前面，字幕则放在最后。教师在这一过程中需要通过提问引导幼儿去分析和拆解要素，了解工程的内部、外部结构，可以综合采用视频、照片、现场观摩等方式帮助幼儿捕捉和积累要素材料。

"构思并表征"是项目设计的中心环节。幼儿在构思的过程中，往往是区别于成人的。成人在全面构思后进行操作的步骤，在游戏和生活中往往体现为在构思中表征，在表征中构思，也就是同步进行的特点。只有教师有意识地引导幼儿"在做之前想一想"，幼儿才会有意识地进行思考。幼儿的表征方式采取绘画、符号、语言、模型等各种各样的方式，在教师和小组的商讨中进行，或者绘制设计图。在教师指导下，幼儿的构思与表征是先后衔接的过程，教师需要在设计中提出：与同伴思考，讨论之后进行分工，绘制设计图的要求。

"经验分享" 是设计的最后一个环节，为实施奠定基础。也就是小组去分享自己在设计过程中的成品和问题，大家通过倾听、讨论去集思广益解决问题。中班、大班教师在这一环节提出对于设计表介绍的要求，比如：说清楚自己所在小组，自己设计的内容是什么和所采用的材料。而小班教师则会带着孩子们观看和了解成果，进行简单讲解，在这个过程了解幼儿的设计思路。

案例：搭建什么样的大棚呢？

完成材料选择，我们开始准备搭建大棚。这时孩子们犯了难："老师，我不知道要搭什么样的大棚呀？"我问："是呀，可以怎么办呢？"甜甜回答："我们可以画出一个图，照着图搭就会了。"孩子们纷纷表示同意。于是我们讨论起图纸的设计。我们的设计图里应该有什么？轩轩说："我们得画出大棚的形状。"他刚说完，孩子们立刻对于大棚的形状各抒己见："我想设计桃心形状的大棚！""我喜欢半圆形大棚。""我想搭一个正方形大棚"……"除了形状，我们还需要在设计图上画出什么？"我追问。小雨说："还应该有好看的花纹，不然大棚太丑了。"我表示同意："我们可以装饰自己组的大棚设计图。还有吗？上次我们讨论大棚里应该有什么？"表哥说："对，还应该有菌包。"我认同表哥的想法，又补充说："我们上次说的大棚里的东西都要放在大棚里哦，小朋友们要好好设计放在哪里。"

于是孩子们开始分组设计大棚，这时问题又来了，童童皱着眉问我："老师，我想设计出大棚后面的样子。"我听了他的疑问说："哦？那你有什么好办法？"表弟回答我："可以把后面的大棚也画在纸上呀。"我问："除了前面和后面还有什么方向？"说着我前后转身比画了一下。孩子们看到我的动作立刻说："还有侧面。"我竖起一个大拇指。

到了分享环节，小组代表依次上前面介绍自己组的大棚并进行投票。经过投票，最后我们决定搭建桃心形状的大棚。不仅如此，孩子们提出要给大棚设计可爱的小猫耳朵，还要有帘子、加湿器、"大一班"标志……

三、动手实践

（一）动手实践阶段概述

动手实践阶段是整个项目的一个核心阶段。在此阶段中幼儿根据设计进行实践。在实践过程中幼儿会发现各种各样的问题，当幼儿面临实践过程中遇到的问题时，教师并非直接的答疑解惑，而是采用头脑风暴的方法引导幼儿去思考怎么去解决问题。不同的幼儿所想到的办法不同，到底哪一种办法更适宜呢？教师再次引导幼儿去思考方法的适宜性，若是小班幼儿，可以省去激发幼儿思考方法适宜性的环节，运用试误的办法让幼儿在实践中判断方法的适宜性。若是中班、大班幼儿，教师可以激发幼儿思考方法是否适宜，然后进行实践，解决问题。在动手实践过程中遇到的任何的问题都可以按照此循环促进项目的不断前进。

（二）动手实践阶段实施具体流程

图 5-3

1. 基于设计进行实践

幼儿分组设计之后，根据设计展开实践，将设想体现在具体的实践操作中。在此阶段，不同年龄段的幼儿对设计的灵活性改进、按设计进行实践的执行能力不同。随着年龄的增长，幼儿越能根据原有的设计进行实践，目的性、坚持性越高，并能根据实践的难易程度去调整原有的设计。

2. 发现问题

在实践探索过程中，幼儿将会遇到各种各样的问题。教师应以观察者、引导者的身份激发幼儿进行构思方法、商讨方法的适宜性、进行实践，解决问题。例如在"我为小树穿新衣"的活动中，在面临用什么材料为大树做衣服时，教师并非直接告诉幼儿可以用的材料是什么，而是问幼儿，你想用什么材料为大树做新衣服。启发幼儿积极地思考各种为大树做新衣的方法。

3. 构思方法

幼儿遇到问题时，教师采用头脑丰富及启发式提问的办法，群体群策，让每一位幼儿了解不同人解决问题的方法不同，一个问题可以有不同的解决方法。例如在"我为小树穿新衣"的活动中，教师问幼儿可以用什么材料为大树做衣服，有的幼儿说用树叶做衣服，有的幼儿说可以用绳子做衣服，有的幼儿说可以用砖块围成一面墙，当作小树的衣服，有的幼儿说可以用棉花、被单做个棉被当成小树的衣服。幼儿通过表达自己想到的办法及倾听别人的方法，了解不同人的想法不同，我们应当尊重及了解不同人的想法，学会倾听与交流。

4. 商讨方法的适宜性

商讨方法的适宜性可以潜移默化地让幼儿形成一种三思而后行的思维方法，避免盲目试误带来过多的时间成本和精力成本。不同年龄段的幼儿思维方式有些许的不同。例如，小班幼儿仍带有直觉行动性思维的特点，边做边想，先做后想是小班幼儿常见的行为模式。幼儿还未达到能预设方法是否适宜的水平，因此在小班阶段，可以省略掉商讨方法的适宜性这一环节，直接让幼儿在实际操作中判断方法是否适宜。对于中班、大班的幼儿，教师可以尝试让幼儿提前预设与判断方法是否适宜，让幼儿的逻辑思维水平有所提升。例如，在"我为小树穿新衣"的活动中，幼儿提到了各种各样做新衣的办法，教师提出问题，你觉得哪种方法最适宜，哪种方法不适宜？幼儿说用棉被的方法最适宜，因为天气冷了，我们盖越厚的被子，就会感觉越暖和。为什么用树叶不是最适宜的呢？有的幼儿说因为没有那么多的树叶，而且树叶容易碎，不结实。幼儿纷纷上台表达自己的观点，最后通过投票的方式，选出了为大树做新的棉被。

5. 展开实践，解决问题

幼儿选出最适宜的办法，展开实践，在实践中解决问题。在此过程中，若生成新的问题，可以再次按照"构思方法—商讨方法的适宜性—展开实践"的路径循环。在不断地实践，解决问题过程中推动项目的不断前进，形成最终的项目成果，促进幼儿问题解决能力、动手实践能力的提高。

四、展示分享

（一）展示分享阶段概述

展示与分享是 STEAM 教育理念下幼儿项目活动的第四阶段，是项目某个阶段的尾声，是一个注重总结与回顾经验、提炼与凝结下一步探究出发点的关键阶段。在持续时间较短、规模较小的项目中，展示与分享能够帮助幼儿回忆并整理思路，倾听他人的观点，接受不一样的视角传递的信息；在持续时间较长、规模较大的项目中，展示与分享就像一条条锁链，将每一个环节连接在一起。展示与分享环节能够为幼儿提供表达自我、展示自我的平台[1]，能够帮助幼儿梳理自己的项目经历[2]。展示与分享是基于

---

[1] 桑国元，王佳怡. 项目化学习在幼儿园活动中的实施［J］. 教育理论与实践，2021，41（26）：61—64.

[2] 王翠萍. 幼儿园项目活动走向项目课程的实践探索［J］. 教育导刊（下半月），2021（3）：66—69.

STEAM 教育理念的幼儿项目活动中至关重要的一个环节，既是一段项目的终点，也是新项目的起点。

（二）展示分享阶段具体流程

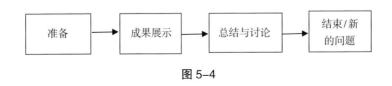

图 5-4

1."准备"环节

展示与分享阶段的起点是"准备"，内容依据"展示与分享"的不同形式而有所区别。例如，在戏剧为主的项目活动中，幼儿在展示与分享之前可能要做的准备包括穿好服装、准备道具、装饰舞台等；在制作产品为主线的项目活动中，幼儿在准备环节需要做的可能有检查作品、计划自己的发言内容等；在教育活动项目中，幼儿可能是在与同伴交流或聊天中分享，那么他需要做的准备则是开口说话之前脑中转瞬即逝的想法。但是，不论准备的形式和内容是什么，幼儿都会在这个过程中简短地回顾自己的经历，做好与同伴展开交流的准备，做好向他人展示自己的准备。

2."成果展示"环节①

"成果展示"是展示与分享部分的核心环节，也是整个项目的高潮部分②。通常情况下，这一阶段都是在幼儿的活动取得重大突破或阶段性提升时会发生的③，参与项目的幼儿会在这一阶段获得无与伦比的自信与成就感。同时，这一阶段也能够促进幼儿表达能力的发展。例如，在戏剧为主

① 肖菊红，戴雪芳. 幼儿园项目活动研究综述［J］. 江苏教育研究，2019（16）：54—58.
② 肖菊红，戴雪芳. 幼儿园项目活动研究综述［J］. 江苏教育研究，2019（16）：54—58.
③ 李蓓. 让幼儿心智自由地学习——幼儿园项目化学习的实践与思考［J］. 幼儿教育，2018（34）：11—14.

的项目活动中，幼儿要在舞台上用清晰、洪亮的声音流畅地说出台词；在产品设计类的项目活动中，幼儿要为同伴展示自己的作品，用语言或图画的形式表述制作过程、分享制作经验。当作品被放在教室中展览时，幼儿还可能与同伴谈论自己的作品，这对幼儿来说也是一种难得的成果展示的机会，更是一次同时增进社会交往与沟通表达的宝贵契机。

3. "总结与讨论" 环节

在成果展示之后的"总结与讨论"环节，是展示与分享部分的重要环节，是帮助幼儿梳理思路、凝练思维的关键阶段。这一阶段的重点不是幼儿独自展示，而是所有人共同参与的交流，包含同伴评价、活动反思等多种形式。以产品制作类的项目活动为例，当幼儿展示作品时，幼儿、同伴、教师，都会围绕作品提出自己的看法，如"它很好看""它就像我们想得一样""我喜欢你的作品"等。幼儿听到这样的评价，可能会回应"我是这样做的……""我用了很久的时间……""我用了很多方法……有的成功了，有的没有成功"。在这个过程中，教师给可以为幼儿提供开放的、友善的交流环境，帮助幼儿梳理思路，与大家分享经验。

4. "结束 / 新的问题" 环节

结束是新的开始。"结束 / 新的问题"是基于大家对作品讨论的不同意见生成的两种项目尾声形式。在小、微型项目中，很多问题的解决策略只存在一种或几种最优解，当幼儿完成探究、达成共识后，问题得到了解决、项目告一段落。例如，规则性问题、生活方法类问题等，都能够在短暂地探究和讨论后形成结论。有的项目则会因为大家对作品的不同意见产生新的探究问题。例如，产品类项目活动在讨论结束后，幼儿会提出"我还可以改一改""能不能让它变得更……"等想法，都能够成为下一个项目活动的起点。

实践篇

第六章
STEAM 教育理念下的幼儿主题
项目活动的设计与实施

第一节 STEAM 教育理念下的小班主题项目
活动的设计与实施案例

小班主题项目活动"牙齿保卫战"

【主题课程缘起】

小班的学习主要是游戏化的一日生活，他们的学习是在生活及实践中进行的，近期幼儿园进行了检查牙齿和牙齿涂氟活动，孩子们涂氟后总在问："老师，为什么要把这个泡沫（氟）放在嘴巴里啊？"于是我告诉孩子这个是可以保护我们牙齿的，紧接着有幼儿从家中带来有关牙齿的书籍，一本是《小熊拔牙》，另一本是《牙齿大街的新鲜事》，于是我们共同分享了这两本书，读到小熊拔牙的时候，孩子们会觉得牙齿很疼，拔牙是一件可怕的事情；读到牙膏警察把小细菌抓走时，孩子们又会觉得牙膏警察很厉害，孩子们对有关牙齿方面的内容产生很大的兴趣。

《指南》中指出，小班幼儿要学习保护自己的身体，而牙齿的保护是很重要的，因此开展牙齿保卫战的活动。幼儿可以从认识、了解牙齿开始，知道牙齿的作用，教师可利用一些儿歌、游戏等方式，使幼儿了解保护牙齿的方法；并且利用戏剧活动的开展，引导幼儿能够利用亲身体验，实际感受保护牙齿的方法，由此我们开展了牙齿保卫战这一戏剧主题活动。

【主题网络图】

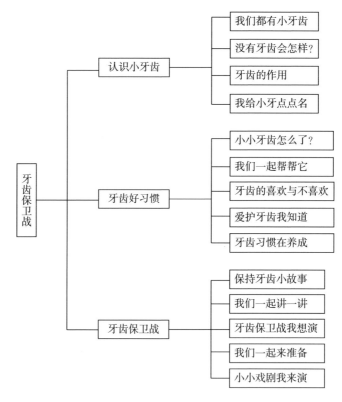

图 6-1

【主题项目目标】

1. 了解牙齿的结构与作用，能够产生爱护牙齿的意识，逐步养成良好的护牙习惯。

2. 初步学会保护自己牙齿的方法。

3. 能够利用多种方式探究保护牙齿的方法。

4. 能够在老师的带领下共同商讨戏剧剧本、主动参与制作表演道具、排练表演等活动中，提高舞台表现力与自信心。

5. 在筹备表演的过程中，遇到问题，能与成人共同想办法解决。

6. 利用涂涂画画、粘粘贴贴的方式制作表演道具。

【主题项目所需时间】1 个月

【主题项目实施过程】

项目一：保卫牙齿小·故事——设计剧本

（一）确定项目任务

意图：结合生活中的牙疼、看牙医，牙齿检查等现象，发现牙齿的问题，引出话题。

具体过程：

1. 分享幼儿牙齿检查的结果单，收集幼儿牙齿出现问题的图片和看牙医的照片。

2. 分享给幼儿以上资料，引出牙齿话题。

（二）动手实践

意图：结合生活中牙齿出现的问题和解决问题的方法，从而共同设计"牙齿保卫战"的表演剧本，为演出做准备。

具体过程：

1. 利用谈话、交流、图片等方式，了解牙齿的情况，为设计牙齿保卫战故事剧本做铺垫。

2. 设计、完善牙齿保卫战剧本。

（三）展示分享

意图：根据共同设计的剧本，呈现在环境中，幼儿在与墙面剧本互动的过程中，提高对剧本的了解。

具体过程：

1. 共同利用照片，简单的制作等方式，师幼共同把剧本呈现在主题墙上。

2. 幼儿与墙面剧本进行互动，提高对剧本内容的了解。

项目二：服装、道具来准备

（一）确定项目任务

意图：在表演中了解服装和道具的重要性，产生准备服装道具的愿望。

具体过程：

1. 幼儿尝试表演。

2. 结合表演，发现服装、道具的作用。

（二）动手实践

意图：结合表演，筹备服装、道具。

具体过程：

1. 共同商讨表演节目需要哪些材料。

2. 寻找、准备、制作表演的服装、道具。

（三）展示分享

意图：相互分享自己设计的服装道具，发现不同材料、物品在服装、道具中的作用。

具体过程：

1. 分享表演中的服装、道具。

2. 探索不同服装、道具使用的方法，提高幼儿思路。

项目三：牙齿保卫战我来演

（一）确定项目任务

意图：能够根据剧本大胆地展演。

具体过程：

1. 回顾剧本及服装、道具，产生想要表演的愿望。

2. 鼓励幼儿进行表演。

（二）动手实践

意图：在演的过程中，发现问题，并和老师、同伴共同解决。

具体过程：

1. 在表演后请小观众说出意见和想法。

2. 结合问题共同解决，完善表演。

（三）展示分享

意图：共同表演，感受成功的喜悦。

具体过程：

1. 共同表演，并进行分享。

2. 说一说表演后的感觉，感受成功的喜悦。

【课程纪实】

案例一：剧本我们一起来设计

随着主题的开展，在娃娃家孩子们自然而然地玩起看牙医的游戏，

"宝宝"吃完蛋糕喊着牙好疼啊，"妈妈"关心地让"宝宝"张大嘴，看着牙齿说："你牙都坏了，快刷牙去。"

在生活中家长和老师经常对孩子们说：保护牙齿的话题，在情境游戏中，也会自然而然地演出来。为什么牙齿会坏掉呢？如何保护牙齿呢？孩子们并没有过多思考，因此在娃娃家游戏后，我问道："娃娃家里宝宝的牙齿怎么了？"娃娃家游戏的孩子们告诉我："牙疼。"看着引出这个话题，因此我问很多小朋友："你们牙疼过吗？"很多小朋友点点头，紧接着我又问："为什么会牙齿疼呢？"这时候很多小朋友都说出自己的想法："因为糖吃多了""不好好刷牙""吃完甜食就睡觉"，等等。

听到孩子们的想法，故事的开始有了，于是我把孩子们的想法融入剧本的最开始：有一个小朋友，他在晚上睡觉前，偷偷吃了一块糖就睡着了，夜里会发生什么事呢？

听到故事的开始，豆豆接下来顺着故事内容，一边捂着牙齿一边假装带着哭腔说："哎哟！我的牙齿好疼啊！"

听到他的想法，我给予了一个肯定的赞，问道："夜里牙疼谁会来照顾他呢？"孩子们一致地说："妈妈。""妈妈来了会怎么关心宝宝呢？"只见果果扮演着妈妈走到小宝宝面前，关心地说："宝贝你怎么了？牙疼的话我带你去医院。"

一个新的场景出现，于是我利用提问的方式，引发一个又一个新的思考："你看过牙医吗？医院里面有什么？牙医是怎么给你看牙的呢？"孩子们根据教师提出的每一个问题，都结合自己看牙的经验，回答问题，慢慢地在我们共同的讨论下，完成剧本。

案例二：表演是有道具的！

剧本设计完后，小舞台的小朋友按照共同设计的剧本表演起来：果果穿着一件漂亮的小裙子，高兴地往嘴里放了块糖，就躺在地上"睡"过去了，过了一会儿捂着牙齿"哎哟哎哟"地叫起来，这个时候妈妈过来了……

图 6-2

图 6-3

看到孩子们的表演，发现孩子们对于共同设计的剧本已经熟悉，但对于场景的布置及表演的道具还没有想法。于是我走过去问道："你们刚刚在表演什么呢？"孩子们高兴地对我说："《牙齿保卫战》"，"我看出来小宝宝牙疼了，他是在哪里牙疼的呢？""在床上牙疼"听到孩子们的想法，紧接着我又说："床在哪呢？"聪聪指着地告诉我："就在这儿呢！"我疑惑地问道："我这个小观众刚刚没有看出来啊！能不能让小观众能够看出来你们演的地方在哪？"果果听到后想了想，跑到娃娃家把小床拉了过来，说："用这个表演，小观众就看出来了。"增加了小床后，小朋友们的演出更加生动了，随着小床的进入，当演到看医生时，苗苗说："我们要是有医生的衣服就好了。"豆豆马上说："我家有，我家还有看牙的小玩具，老师明天我就带过来。"演着演着，到小牙刷刷牙时，孩子们提出还要有个小牙刷，这个怎么办呢？

看到孩子们有新的问题，我也跟着一起疑惑道："没有小牙刷怎么办啊？"这时候聪聪说："我们做一个小牙刷。"

案例三：小牙刷我制作

牙刷怎么做呢？只见思宇来到美工区拿了一张彩纸和吸管来制作牙刷，首先他将纸通过多次对齐折叠好，将吸管放到纸张里，纸包起吸管用胶棒粘贴，一把牙刷的初步样子就完成了。他拿起牙刷笑眯眯地说："老师我做好啦！"刚拿起来吸管和纸就分开了，聪聪又粘了一次，依然没粘上，聪聪来到我身边说："老师，粘不上。"看到他的需求，我拿出双面胶告诉他这个胶怎么用。聪聪拿出胶，用小手使劲抠双面胶的边，也没抠下来。看到他又遇到困难，我神秘地对他说："老师给你变一个魔术。"一边说一边把双面胶的一边抠起一点点，然后让聪聪尝试，这次聪聪很快就把上面那层胶弄掉，开心地拿起他的作品。这时我拿出牙刷照片请他观察，牙刷是什么样子呢？聪聪说："是毛毛的。""对，是毛毛的，而且毛毛是一根一根的，这个可以怎么做？"聪聪想了想，拿来了剪刀剪起来，在剪的过程中发现剪的时候牙刷柄也会动，那么牙刷的毛毛就不会剪得直直的。我对思宇说："牙刷柄总是动，怎么能让牙刷柄不动？"思宇听后用一只小手拿住牙刷柄，一只手拿剪刀开始剪，这时候小牙刷不动了，很快一把小牙刷在思宇的手里就像变魔术一样制作完成了。

图 6-4   图 6-5

【课程省思】

本次活动是源于幼儿在生活中经常发生牙齿问题而产生的，在讨论牙齿不舒服及看牙的过程中孩子们共同讨论剧本，通过创编故事，引导幼儿巩固对剧本的了解，进一步增加对表演的兴趣。在服装、道具的制作中，鼓励幼儿从生活中寻找经常接触的材料，利用娃娃家的小床、家中的小医生玩具、美工区的材料制作小牙刷等，体现幼儿的创造力。

在师幼互动的过程中，我以观察者和引导者的身份，关注幼儿在活动中的情况，适时引导，并倾听幼儿的想法，并且及时给予肯定，增加幼儿的自信、引发幼儿产生持续探究的意愿。例如在幼儿表演的过程中，我并不会告诉幼儿应该准备哪些服装、道具，而是根据幼儿在表演中的情况，引发幼儿观察、对比需要哪些服装、道具，了解服装、道具的作用，对表演的帮助等等，从而帮助幼儿积淀表演经验。在制作环节，则鼓励幼儿在操作、实践中寻求制作小牙刷的方法，探索不同材料及工具的作用，提高幼儿剪纸粘贴、立体制作的技能。最后当孩子们遇到问题时，我跟他们一起疑惑；孩子们获得成功时我会鼓励；孩子们遇到困难时，我没有直接帮助他解决，而是利用变魔术的形式，把困难变成孩子踮踮脚能够解决的方式。

（本案例由北京市朝阳区丽景幼儿园　耿京金提供）

小班主题项目活动 "冬日里的温暖"

【主题课程缘起】

冬天来啦，大自然就像变魔术一样，让动物、植物、大地都变了样。尤其是十一月初下的那场大雪，孩子们对于这个冰天雪地充满了好奇和遐想，堆雪人、打雪仗更是给孩子们带来无限的快乐。小班幼儿喜欢接触大自然，对周围的很多环境和现象感兴趣，大自然的冬天有很多明显特征，如刮寒冷的风、下雪、温度降低等，现象便于幼儿观察与体验，因此从幼儿对冬天生活的体验和感受入手，发现冬天特点和现象，丰富幼儿对冬天的整体认知。

在主题活动中，进一步联系日常游戏和生活，感受自身与天气的关系，从而寻找御寒的方法，如利用制作过冬的生活用品、抵御寒冷的房子等项目，提高对冬季的认知，学习保护自己的方法，提高动手制作的能力，激励幼儿锻炼身体，不怕寒冷，坚持入园，提高适应能力。

【主题网络图】

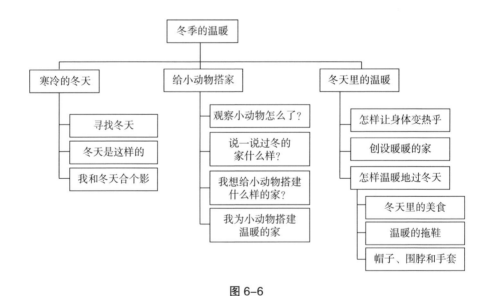

图 6-6

【主题项目目标】

1. 主题的每一个小项目中，愿意参与感兴趣的活动，活动中比较专注。

2. 在成人的引导下，面对提出的问题，能够简单地发表自己的想法，并初步尝试解决简单的问题。

3. 喜欢动手操作生活中的玩具及材料，利用亲身体验的方式进行简单的探索，探索过程中运用多种感官。

4. 在为小动物设计温暖的家、制作家中温暖生活用品的项目中，遇到问题，愿意寻求成人帮助。

5. 在游戏中探索生活中不同材料、工具的特性，如不同胶的使用，积木不同重量、大小、材质的区别等，提高对材料的认知和探索。

6. 愿意和老师、同伴一起游戏，生活和游戏中有初步的交往技能，如：轮流使用工具、材料，交往中使用简单的礼貌用语等。

【主题项目所需时间】1 个月

【主题项目实施过程】

项目活动：温暖的拖鞋

（一）确定项目任务——家里缺双小拖鞋

意图：在游戏中产生想要制作小拖鞋的愿望。

具体过程：

1. 收集幼儿居家生活照片并记录幼儿游戏的情况

2. 对比后产生"家"中拖鞋的需求。

（二）共同设计——小拖鞋这个样

意图：根据拖鞋的样子和冬季拖鞋的特点，初步说出设计拖鞋的想法。

具体过程：

1. 讨论：小拖鞋什么样？你想要使用什么材料。

2. 幼儿说出自己的想法，教师帮助幼儿记录并结合幼儿的想法，筹备制作材料。

（三）动手实践——制作温暖的小拖鞋

意图：动手制作温暖的小拖鞋。

具体过程：

1.鼓励幼儿根据自己的想法，利用不同材料、工具进行制作。

2.制作中发现问题，与成人、同伴一同解决问题，并通过前后对比，发现出现问题的原因，尝试提升经验。

（四）展示分享——分享我的小拖鞋

意图：分享制作的过程，提高对不同材料、工具的认识，扩展思路。

具体过程：

1.分享制作的小拖鞋成品。

2.从材料使用，制作中的小故事等进行总结提升，感受成功的喜悦。

【课程纪实】

案例一：制作娃娃家温暖的小拖鞋

镜头一：第一次尝试制作拖鞋

政鑫想要制作一双拖鞋放在"家"中，他来到美工区东找找，西看看，过了一会儿对老师说："老师，我不会做。"我蹲下来摸摸他的头，问道："拖鞋跟你现在穿的鞋有什么不一样的地方呢？"他想了想，指着自己的脚指头和后脚跟说："前面和后面没有。"紧接着我又问："拖鞋没有包裹脚指头和后脚跟，那是不是就剩下脚底和脚面上？"政鑫点了点头，政鑫对于拖鞋的结构有了进一步了解后，于是我继续问道："那我们用什么材料制作小拖鞋呢？"政鑫拿来一张纸给我，我在纸上画出小拖鞋的模板，鼓励政鑫自己动手制作。

图 6-7

　　他先拿来一把小剪刀，沿着老师画出的拖鞋轮廓，利用小剪刀沿着线剪了一圈，只见参差不齐，看到没有剪齐后，政鑫又剪了一遍，鞋底做完了，他又用一条白色的纸条制作鞋面，用胶棒将鞋底和鞋帮儿粘贴，在粘的过程中发现鞋面是旋转的不是平面的。我追问："这样穿上会舒服吗？"苗苗说："不舒服，会磨脚"我说："那应该怎样粘呢？"苗苗不断地转动做鞋面的纸条后说："老师你看，应该折过去粘。"重新将鞋面粘到鞋底上，一双纸做的拖鞋完成了。

　　镜头二：更结实、更暖和的小拖鞋

　　娃娃家活动开始了，鑫鑫、依依、月月高兴地穿着纸做的拖鞋。刚开始他们很兴奋。不一会儿，月月跟依依说："我觉得这鞋子不太舒服。"我问她："你觉得哪里不舒服？"月月说："我的太硬了"依依和鑫鑫也走到我身边。依依说："这个拖鞋不暖和，我脚有点冷。"鑫鑫着急地说："老师，我的拖鞋坏了。"看到这一现象，我问道："什么样的拖鞋又结实又暖和？"鑫鑫说："我在家穿的拖鞋鞋底很舒服，是软的。"月月说："我家的拖鞋是毛毛的，很暖和。"

图 6-8

　　活动区后，针对为娃娃家第一次制作的小拖鞋进行了分享，尝试让小朋友将自己发现的问题与大家分享。小朋友们讨论出在材料的使用上应该用更结实的，鞋底要厚一些的，这时我拿了真正的拖鞋让幼儿进行观察。

　　苗苗拿到拖鞋后摸了摸鞋帮儿又摸了摸鞋底，说："这鞋底有花纹。""这个花纹是什么作用呢？如果没有花纹会怎么样？"轩轩摸完后第一个说："是立体的凹凸的。"这时我拿来孩子们制作的硬纸板拖鞋，将孩子们的鞋底与这双拖鞋做对比，再次请幼儿穿上制作的小拖鞋去感受，为什么这双小拖鞋滑滑的。苗苗在尝试后说："这个没花纹，所以就滑。"鑫鑫、子墨也来尝试穿小拖鞋，发现穿上后也是滑滑的，孩子们了解到原来鞋底的小花纹不光是漂亮的，还是保护小脚不让我们滑倒的。这一次孩子们说出了要做一双带花纹的拖鞋，苗苗马上想到了每天餐前游戏时用到的小地垫，孩子们小手摸了摸，发现小地垫一面是光滑的一面是带有立体花纹的，并且地垫是软软的、厚厚的。

镜头三：舒舒服服的小拖鞋

　　经过了讨论，孩子们想再次改造小拖鞋，让小拖鞋更舒服。我给孩子们拿来一个小地垫，苗苗对比着小拖鞋的大小，画出了小鞋子的轮廓，由于材料材质原因我帮助孩子们将小拖鞋剪下来，利用热熔胶将鞋帮儿涂上胶水，孩子们亲手将鞋子粘好，一双漂亮的小拖鞋就制作完成啦。孩子们争先恐后地跃跃欲试，轩轩穿上了小拖鞋走了起来，边走边笑着说："这双鞋是软软的。"

图 6-9

将娃娃家穿小拖鞋游戏录制成视频，分享给孩子们看。月月看后说："我知道怎么做拖鞋了。"苗苗说："鞋底都是有花纹的，防滑的。"我继续问道："我们班有拖鞋穿了，其他班的小朋友可能还没有拖鞋穿，怎么能分享给他们？"孩子们提出可以多做几双送给他们、可以告诉他们怎么做……孩子们通过这次制作小拖鞋，运用到实际生活中，同时也体会到为他人做事的快乐。

【课程省思】

在本次主题活动中，教师鼓励幼儿用多种方式探索冬天，幼儿感受到冬天的季节特点，并发现生活中的变化，了解自身与环境之间的联系，在冬天取暖的过程中，潜移默化地鼓励幼儿探究，利用多种方法，解决生活中的需求和遇到的问题，发散思维，提高生活经验和各方面能力水平。

在材料提供方面，我并没有告诉幼儿用什么材料，如何制作，而是鼓励幼儿自己想办法，动手操作进行制作，并在制作后亲身体验，感受制作的小拖鞋在生活中有哪些感受？从自己的感受和体验中，发现小拖鞋中的问题并尝试解决，探索不同材料的特性，如纸薄薄的，底比较厚，扩展对生活中各种材料的探索。

在师幼互动中，教师尊重幼儿的想法，鼓励幼儿寻找材料，进行尝试，教师结合幼儿的想法，及时提供帮助，鼓励幼儿发现不同材料的特点，帮助教师整理经验。

（本案例由北京市朝阳区丽景幼儿园　刘思怡　钱姗姗提供）

第二节　STEAM 教育理念下的中班主题项目活动的设计与实施案例

中班主题项目活动"我和'分小萌'在行动"

【主题课程缘起】

孩子们升入中班后，责任意识明显增强。在一次活动中引导幼儿共同分享假期生活，其中一名幼儿带来的照片：小区里的垃圾箱肚子都撑破，垃圾掉在地上，行人走路都费劲。这一现象引发幼儿激烈的讨论，结合幼儿关注的问题，我们从孩子身边环境的问题出发，结合幼儿兴趣，设置了"我和"分小萌"在行动"的主题活动，鼓励幼儿从身边寻找有关环境的问题，支持和满足幼儿通过直接感知、实际操作、亲身体验的方式获取有益经验，感受环境和自己的关系，进一步增强环保的意识，帮助幼儿从小养成环保习惯。如何让环保的种子在幼儿幼小的心中发芽，形成一种习惯？教师结合《幼儿园教育指导纲要》中提出的："环境是重要的教育资源，有效利用环境资源，对幼儿身心健康发展有着至关重要的现实意义。"《3~6岁儿童发展与指南》中提出："在探究中认识周围事物和现象，使幼儿初步了解人们的生活与自然环境密切相关，知道保护环境，节约资源。"因此，根据当前社会和幼儿生活中存在的环境问题，开展"我和"分小萌"在行动"的主题活动。

【主题网络图】

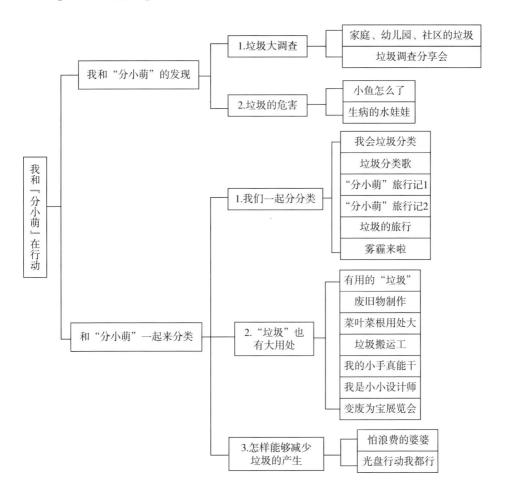

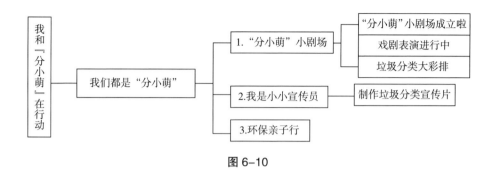

图 6-10

【主题项目目标】

1. 有初步的环保和节约资源的意识，热爱大自然。

2. 体会参与环保活动的成就感和喜悦感。

3. 能够在项目活动中，尝试合作和协商去努力完成，解决环保相关的问题。

4. 运用一定的技术去宣传垃圾分类知识。

5. 活动中能通过简单的调查收集关于垃圾分类的信息，并用图画或其他的符号进行记录。

6. 喜欢听与环保相关的故事并理解其内容大意，初步进行创编。

7. 感受、发现和欣赏自然环境中美的事物，乐于与同伴交流自己对环境保护的认识及感受。

8. 能利用各种自然、可回收的废旧材料，大胆地进行画、剪、折、贴等美工活动，促进手的动作灵活协调。

9. 能够和同伴交流对环境污染和保护环境的感受。

【主题项目所需时间】1 个月

【主题项目实施过程】

项目一："'分·小·萌'旅行记"戏剧展演

（一）确定项目任务

意图：随着主题活动的开展，班级幼儿已经掌握垃圾分类知识，教师提出让更多的人知道垃圾分类的知识的任务。孩子们提出："我们可以演一演垃圾分类的知识。"于是我们确定了"'分小萌'旅行记"戏剧展演任务。

具体过程：

1. 回顾垃圾分类知识。

2. 通过讨论确定"'分小萌'旅行记"戏剧展演项目任务。

（二）小组设计

意图：通过集体讨论与分享完成剧本设计和角色分工，明确各自职责，小组进行服装道具设计，为戏剧展演做好相关准备。

具体过程：

1. 进行剧本设计。在"'分小萌'旅行记"这一语言活动中，孩子们自己创编故事，通过集体教学活动，师幼共同将创编的故事改编成剧本。

2. 进行表演服装道具设计。小组根据剧本角色进行服装设计图绘制及材料收集。

（三）动手实践

意图：通过集体讨论与自主选择角色和服装道具制作的过程中进一步了解和掌握戏剧表演的任务内容。通过小组彩排和观看，发现表演中的存在的问题，并通过讨论分享解决发现的问题。

具体过程：

1. 进行角色分工。幼儿自主选择角色，了解戏剧表演的任务内容并进行分工。

2.进行选曲排舞。在表演区开设"'分小萌'小剧场"。幼儿自己选择歌曲，学唱歌曲，并进行舞蹈动作的编排。

3.进行服装道具制作。在美工区和家庭中与同伴、家长合作制作服装及道具。

4.进行小组彩排。幼儿进行动作设计和小组排练，按照每一幕的分组进行动作设计，表现出自己设计的动作，经过小观众提建议修改动作完成小组排练。

（四）展示分享

意图：在集体演出的过程中进一步巩固垃圾分类知识，尝试与他人合作、协商解决问题，提高发现问题与解决问题的能力。

具体过程：

1.集体进行"'分小萌'旅行记"戏剧演出，与同伴共同完成戏剧表演。

2.说一说：你有什么感受？

项目二：制作垃圾分类宣传片

（一）确定项目任务

意图：在完成演出后教师又提出了新的问题：正值疫情期间，我们不能进行现场演出怎么办呢？幼儿结合前期经验知道通过网络可以达到宣传的目的，于是我们生成了新的项目——制作垃圾分类宣传片。

具体过程：

1.回顾戏剧展演、故事讲述、绘画等前期活动。

2.了解：什么是宣传片？

3.确定项目任务，明确制作宣传片的素材。

（二）小组设计

意图：制作宣传片脚本，确定宣传片的内容。

具体过程：

1. 与编导叔叔进行线上互动，了解宣传片制作的顺序和方法。

2. 说一说：选取什么样的素材制作宣传片，小组讨论设计宣传片脚本，以绘画的形式进行记录。

3. 分享各组脚本。

（三）动手实践

意图：有了前期经验的累积，孩子们分组利用手机、平板电脑等电子设备，结合小组设计的宣传片记录表进行素材制作与拍摄，解决疫情带给生活的不便，完成每个小组的垃圾分类宣传片制作。

具体过程：

1. 制作与拍摄素材。针对小组的宣传片设计，进行素材的准备、制作和拍摄。

2. 调取资源库里的照片和视频，运用剪映 APP 进行宣传片制作。

（四）展示分享

意图：在分享展示的过程中激发幼儿完成垃圾分类宣传片的成就感，了解观看的人对于垃圾分类宣传片的感受，回顾制作宣传片中解决问题的经验。

具体过程：

1. 通过观看各组的宣传片回顾制作的过程。

2. 谈话：说一说，制作宣传片过程中，你知道了什么？看到完成的宣传片，你有什么感受？

3. 进行问卷调查，孩子们分组设计问题并在教师的帮助下形成电子问卷，通过发放和回收问卷，了解观看的人对于垃圾分类宣传片的感受。

【课程纪实】

案例一：制作宣传片脚本

"昨天，编导叔叔告诉我们怎样制作宣传片，你们还记得吗？"活动开始，我通过提问，帮助幼儿回顾昨天的活动。孩子们纷纷回答："编导叔叔说，我们要插入一些照片、视频。""我们要给照片插入音乐，还要给宣传片起一个名字。"……接着，我和孩子们一起回顾总结宣传片的必备元素：片头、宣传内容、作者名字和介绍……接下来，我提出任务："我们接下来的小任务是设计宣传片的顺序，你们在宣传片中先做什么，后做什么，请你们在小组内讨论，按顺序画到这个设计图上。"

接着，幼儿分组进行宣传片脚本制作。当当组经过讨论决定按照以下顺序安排宣传片内容：选一幅画作为宣传片的名字—插入我们的戏剧活动—插入组内每个小朋友的照片作为作者介绍。宽宽组小朋友决定：放入网上找的垃圾分类图片作为宣传片的开头—插入我们讲"'分小萌'旅行记"这个故事的声音—插入我们在表演戏剧过程中拍摄的好看照片—拿一张纸写上我们的学号作为名字，还有羽羽组、苹果组都展示了自己的设计……

图 6-11 幼儿分享本组的宣传片脚本

针对每组幼儿设计的脚本，幼儿展开激烈讨论。萱萱说："编导叔叔说要放音乐的，但是我们的设计图中没有音乐呀？"我问："你觉得放在哪合适呢？"钰钰说："可以放在开头。""可以都放音乐。"漪漪回答，"有了音乐我们的宣传片更好了。"大家各抒己见，于是我们决定在制作的时候试一试。对于素材的选择顺序孩子们也产生差异，有的想先放入照片，有的想单独展示作者，有的想作者都在一起……针对这些想法和分析，我决定带着孩子们试一试。

案例二：制作宣传片

我打开电脑，孩子们立刻表现得很兴奋："我知道，这就是编导叔叔说的剪映！""我也见过，我妈妈还说PPT呢！"我被孩子们有趣的讨论逗笑了，我们开始回顾自己组设计的脚本，并且点开文件夹，展示各组需要的材料。

图6-12　幼儿制作宣传片素材

教师和幼儿结好组后，我们开始用剪映APP剪辑自己的宣传片。"先放什么来着？"安安指着电脑屏幕说："这张图（幼儿自己画的分小萌）吧！"征得其他幼儿同意后，我把他指的图拖进视频条框。"然后呢？"

我又问，"该干什么了？"孩子们看着脚本进行订对，然后回答我："该放我们表演的戏剧了。"就这样，我按照他们的设计逐个添加素材并合成视频。做完后，我们进行合成和组内展示，孩子们显得很期待。可是，刚看了几秒钟孩子们就发现了问题："为什么我们的宣传片都没有声音？""是呀，因为咱们没加音乐呀！"孩子们展开自主讨论。我问："那加不加呀？"牛牛说："还是加上吧。"我又问："在哪加？"孩子们对此并不能统一，于是我们决定试一试。在片头插入音乐，旭旭提出异议："我觉得这里应该说'垃圾分类宣传片'。"我问他们："你们同意哪个？"孩子们意见并不统一，最后，我们采取少数服从多数选择了旭旭的想法。孩子们觉得在花絮部分添加一些音乐就可以了，在戏剧过程中已经有台词就不需要添加了。对于作者的呈现方式，我们组选择把大家照片剪下来，并进行喜欢的装饰。就这样，在逐步试验，修改的过程中，我们组的宣传片制作完成了。

图 6-13 幼儿制作宣传片

【课程省思】

项目活动中教师提供多种视频，照片素材供幼儿选择。幼儿根据自己的需要自主选择素材，绘制脚本，进行宣传片制作。提高幼儿的主体性，在过程中，体现幼儿的探索和尝试。

教师采用回顾的方式，帮助幼儿回忆宣传片内容。其次，幼儿通过小组讨论绘制脚本，教师给幼儿充分讨论的机会，让幼儿了解不同人的想法。在小组讨论时，幼儿学会了倾听和合作，培养了幼儿与同伴的合作与交流的能力，不仅如此，STEAM 教育重视幼儿的创造力的培养，让幼儿自主进行设计是培养创造力的有效方式。当幼儿遇到问题难以解决时，教师采用引导幼儿探究的方法，丰富幼儿的相关经验，帮助他们迁移经验。

STEAM 教育重视幼儿真实问题的解决能力的培养和动手实践能力的培养，在幼儿遇到问题时，教师没有包办代替去帮助其直接解决问题，而是允许幼儿失误，给予幼儿充分的时间和机会不断尝试。

STEAM 教育重视跨学科的应用。如在制作宣传片过程中，涉及科学、数学、艺术、信息技术等方面知识的运用。利用美术绘画、剪纸、粘贴等技术，进行宣传片的艺术体现。教师在幼儿的讨论中，以倾听者、观察者、引导者的身份，基于幼儿遇到的问题和困难，给予适时适当的指导。

（本案例由北京市朝阳区丽景幼儿园　卫德玉　张倩提供）

中班主题项目活动"小种子的秘密"

【主题课程缘起】

这个主题来源于一个小趣事引发的小讨论。我们班有一个新来的比较小的小朋友，他在家吃西瓜的时候一不小心把西瓜籽吃到肚子里了，就哇哇大哭起来。问他为什么哭，他说因为他害怕自己的肚子里长出一个大西瓜。我把这件小趣事分享给我们班的小朋友，我们班的小朋友都哈哈大笑起来。我紧接问："那你们觉得西瓜籽吃到肚子里能长出大西瓜吗？"所有小朋友都说不能。我又问，"为什么不能呢？"其中一个小朋友说："当然不能了呢，因为种子发芽需要土壤，肚子里又没有。"其他小朋友说："种子发芽还需要阳光，所以在肚子里发不了芽。"通过这个小趣事，大家开始对种子产生了兴趣，也产生了很多疑问，"所有的植物都有种子吗？银杏树有种子吗""这些种子藏在哪里呢""为什么要有种子"等等。依据幼儿探究种子的兴趣，以及中班幼儿的年龄特点，我们开启了本次"小种子的秘密"主题探究活动。

【主题网络图】

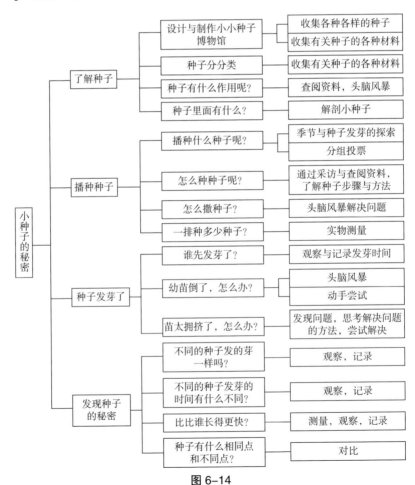

图 6-14

【主题项目目标】

1. 对探究种子的秘密感兴趣，喜欢动手动脑探索种子。

2. 在种植、照顾植物的过程中，知道植物也是有生命的，我们要爱护它。

3. 对不同的植物进行观察与比较，发现其相同点和不同点。

4. 能根据自己的观察提出问题，大胆猜测并尝试按照自己的方式解决问题。

5. 能用图画或其他符号对自己的观察进行简单记录。

6. 知道树木、花草、蔬菜、农作物、水果等都有种子，通过分类、对比，了解种子的外形特征以及多种多样。

7. 感知与发现种子发芽、成长的变化，了解种子发芽、成长的基本条件。

8. 知道种子对植物生长的重要性以及与人们生活的紧密联系。

9. 初步感知并描述种植的植物的生命周期，发现植物都经历了发芽、生长发育、繁殖、成才、死亡的过程。

10. 在欣赏自然界和生活环境中美的事物时，关注其色彩、形态等特征。

11. 根据需要，选择适宜的材料、工具。

12. 能够使用常见的探查工具，探究事物（如，放大镜、尺子）。

13. 用准确恰当的词汇讲述直观的事物特征或现象。

14. 使用图画、符号、文字等多种形式，创意地表达比较复杂的意思，愿意用图画和符号表达自己的愿望和想法。

【主题项目所需时间】1 个月

【主题项目实施过程】

项目一：种子大调查

（一）确定项目任务

意图：班级幼儿开始对种子比较感兴趣，通过调查，收集各种各样的种子及有关种子的资料，提高幼儿收集资料及运用资料的能力，在分享自己收集到的种子的过程中，提高幼儿的表达能力。

具体过程：

1.通过谈话，讨论出想探究有关种子的哪些方面的问题。

2.明确任务，收集各种各样的种子及有关种子发芽、传播、种子的结构等方面的问题。

（二）小组设计

意图：根据想探究的问题制订有关种子的调查计划，提高幼儿计划能力与设计能力。

具体过程：

1.明确探究问题。

2.制订调查计划。

（三）动手实践

意图：依据种子调查计划进行调查，通过收集各种各样的种子或采访、查阅有关种子的资料方式完成调查任务。提高幼儿查阅资料，寻找答案的能力。

具体过程：

1.依据种子调查计划选择适宜的方式进行调查。

（1）通过收集各种各样的种子，调查不同种子的不同外形特征。

（2）通过采访大人或网络查阅及书籍查阅等方式，调查种子的发芽条件、种子的传播等问题。

（四）展示分享

意图：分享自己的调查发现，对于分享的幼儿来说，能提高幼儿的表达能力。对于其他幼儿来说，丰富了其有关种子的相关经验，为之后的种种子奠定基础。

具体过程：

1. 回班进行调查分享，同伴相互学习，了解关于种子的知识。

2. 将自己收集到的资料、种子放入到自然角墙面上。

项目二：播种种子

（一）确定项目任务

意图：孩子们遇到了怎么撒种子的问题，我鼓励他们能大胆地表达出自己的想法，通过启发式的提问引导孩子去思考怎么解决问题，思考办法的适宜性，孩子们在倾听、表达、交流、商量的过程中选择了最佳的办法，然后开始进行实际操作。孩子们在整个播种种子的过程中不仅了解到了播种种子的常识与方法，也大胆地表达了自己的想法与猜测。

具体过程：

1. 讨论种什么种子。

2. 自主投票选择种什么种子。

（二）小组设计

意图：思考怎么种种子，了解种种子的步骤、注意事项与种种子的方法，为之后的播种种子做铺垫。

具体过程：

1. 讨论怎么种种子，商讨出种种子的步骤、注意事项、方法。

2.讨论如何撒种子，运用适宜的工具与方法进行撒种子。

3.将商讨出的如何种种子的步骤、如何撒种子的方法，运用绘画的方法进行表征出来，放入自然角墙面上。

（三）动手实践

意图：依据讨论出来的步骤与方法进行实践，提高幼儿的动手实践能力。在亲自动手实践的过程中，若遇到问题，思考方法，并在实践中进行解决，提高幼儿问题解决能力。

具体过程：

1.依据讨论的方法，进行播种种子。

2.在播种过程中，发现问题，思考方法，解决问题。

（四）展示分享

意图：在分享与展示播种过程中，通过分享播种经验，提高分享的幼儿的成就感与表达能力，也丰富其他幼儿对播种的认识。

具体过程：

1.借助图片，回顾与分享播种种子的过程。

2.谈话：在播种种子过程中，需要注意什么呢？

【课程纪实】

案例一：播种种子

接下来我们开始播种种子了。那我们种什么种子呢？孩子们在日常生活中收集到了各种各样的种子，我问幼儿想种什么种子，孩子们说出了想种的几种种子，那想种的这些种子适合秋天种植吗？孩子们回家和爸爸妈妈一起查阅资料，选出了秋天可以种植的种子，在孩子们选出的种子中，我和孩子们一起选了6种种子，这6种种子适合在秋季播种、周期短、差异大、便于观察、比较。孩子们自主选择，自主投票选择了种植的种子。

那怎么种种子呢，小朋友们根据之前了解种子过程中掌握的已有经验，说要松松土、撒种子、浇浇水。在撒种子时，遇到问题了，怎么撒种子呢？有个小朋友说"随便撒种子"，另外一个小朋友说："我记得我和爷爷一起去采摘的时候，都是一排一排的。"我问小朋友"你们觉得一排一排好呢，还是随便撒好"，小朋友说"一排一排好，这样我们采摘的时候就不会弄坏了"，另一个小朋友说："随便撒，有的地方就会多，有的地方就会少，就不好好长了。"最后我们一致决定，一排一排撒种子。我和小朋友们一起用一根一根的毛线放在种植盆中，标记着一排一排。在种植白菜的时候，又遇到问题了，那一排种多少种子呢？有的孩子说种 5 颗，有的孩子说种 10 颗，有的孩子说种 6 颗。那到底种多少颗呢？孩子们这个时候都疑惑了，到底种多少颗呢？其中一个小朋友说："老师，白菜很大，我们可以少种一点儿，要不然白菜没地儿长了。""那种多少颗好呢？"其中一个小朋友说，"我们可以拿个白菜量一量。"我也考虑到这个问题了，为孩子们提供了白菜。孩子们用白菜量一量，按照距离然后撒下少量的白菜种子。

图 6-15

案例二：红豆苗倒了怎么办？

慢慢地，我们的种子发芽了。我们的红豆苗长得可快了，小朋友都很高兴。可是有一天小朋友们发现红豆苗东倒西歪的，怎么办呢？

大多小朋友说，我们可以用积木支着它，于是我鼓励他们拿一个积木试一试，它在用积木支着的时候，有的小朋友说："不能用积木，积木压到其他红豆苗儿了。"纪然小朋友还说："如果用积木，咱们建筑区积木不够怎么办？"

那怎么办呢？优优小朋友说，可以盖些土，于是优优开始为红豆苗盖土，但是红豆苗依旧是歪歪扭扭的，还有没有什么办法呢？

图 6-16

豆豆小朋友说："可以用木棍支着，我们家种的花儿倒了，爷爷就是用棍儿支着呢。"于是我们从美工区拿来了毛线和冰棒棍儿，用棍儿支着红豆苗，用毛线将红豆苗绑在棍儿上，红豆苗终于立起来了。大家一致觉得这个方法比较好。

于是我和小朋友们在当天就将所有红豆苗用冰棒棍儿支起来了。

图 6-17

图 6-18

图 6-19

案例三：发现秘密

我带着孩子在近期种子发芽的过程中进行了阶段性的观察、对比与探索。发现了这 6 种种子在发芽、成长过程中的秘密。

（1）不同的种子发的芽不一样

孩子们通过观察、对比实物发现了不同的种子发的芽不一样，绿豆的种子发的芽像小雨滴，红豆的种子发的芽像小爱心，小葱的种子发的芽细细的，像线一样。白菜种子发的芽像只小蝴蝶，芹菜的种子发的芽像更小的雨滴，菠菜种子发的芽长长的、细细的。

（2）不同的种子发芽期不一样

在自然角我提供了大的标签纸和纸张，让幼儿将自己的观察记录在纸上。为了让全班的幼儿都比较直观清楚地了解不同蔬菜发芽的情况。我和班级老师共同为 4 种蔬菜制作了大的观察记录表。

图 6-20

在这张大的观察记录表，主要有 6 列，便于幼儿记录这几种蔬菜成长过程中的关键变化，比如发芽、成熟、开花、结果。幼儿不需要天天观察记录。比如第一列是孩子们记录的发芽的样子，当孩子们发现小葱发芽了，马上将小葱发的芽记录下来，上面写的"第 7 天"的意思是，小葱在第 7 天发的芽。

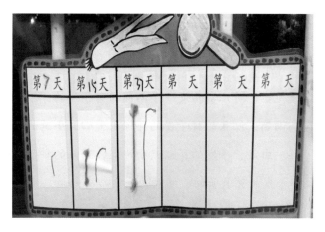

图 6-21

因为中班的孩子对时间的掌握、计算时间的经验比较少，于是天数是孩子们发现有明显变化的时候，问老师到了第几天，老师帮助幼儿计算好时间告诉幼儿，幼儿自己填写上去的。

图 6-22

通过对比，孩子们发现了 4 种蔬菜发芽的时间不一样。最早发芽的是白菜，需要 4 天，最晚发芽的是芹菜需要 10 天，菠菜需要 5 天发芽，小葱需要 7 天。

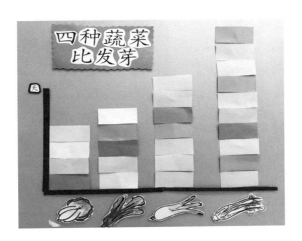

图 6-23

孩子们发现绿豆是第 2 天发的芽，红豆是第 3 天发的芽。孩子们发现了原来绿豆比红豆先发芽。

图 6-24

（3）红豆长得快，绿豆长得慢

红豆和绿豆在生长过程中到底长了多高呢？谁长得更快呢？我为孩子们提供了以1厘米为单位的统一的标尺。孩子们可以用标尺进行测量红豆和绿豆的身高。孩子们发现了虽然红豆比绿豆晚发芽，但是红豆发芽之后长得比绿豆快。

图 6-25

图 6-26

（4）红豆和绿豆有这么多相同和不同的地方

孩子们通过观察发现红豆和绿豆有很多相似的地方，它们的种子都是鼓鼓的，种子上都有白色的点儿，都有根、茎、叶，它们的根儿都有根须，叶子都是绿绿的，又都有叶脉。

孩子们通过观察发现了红豆和绿豆也有很多不一样的地方，红豆的种子是红色的，绿豆的种子是绿色的，红豆苗儿比绿豆苗儿个子高，红豆的叶子长长的，绿豆叶子像个小桃心儿。

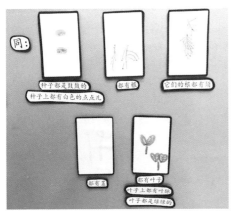
图 6-27

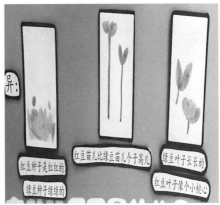
图 6-28

【课程省思】

通过开展这个主题，班级老师和孩子一起去了解种子、播种种子、探究种子的秘密，孩子们对种子的多种多样、基本需求、与环境的相互作用、生长变化、生长周期等方面有了更多的经验上的丰富，孩子们在亲身体验的过程中，发现问题，想各种办法去解决问题，愿意大胆地表达自己的想法了。

例如在种子分类游戏中教师鼓励孩子们按照不同分类方式对种子进行分类，幼儿积极地发挥着自己的想法与才智，有的小朋友按颜色分，发现有好多不同颜色的种子，红色的、黑色的、棕色的、黄色的、绿色的。有的小朋友按大小分，发现了有不同大小的种子，有的种子像芝麻粒那么小，有的种子像指甲那么大。有的小朋友按是扁扁的、还是鼓鼓的分，发现有的种子非常扁，有的种子非常鼓。有的小朋友按照种子闻起来是否有气味分，发现有的种子有辣辣的味儿，也有像土一样的味儿，有的种子一点儿气味也没有。有的小朋友按照形状分，发现了不同形状的种子，有的种子是圆形的、有的种子是心形的、有的种子是雨滴形的。孩子们表达自己的分类方法和倾听他人的分类方法的过程中，了解了很多不同的分类方式，在按照不同的分类方式进行分类种子的过程中，发现了不同种子的外形特征，更具体、更细致地发现了种子的多种多样。

（本案例由北京市朝阳区丽景幼儿园　李俊提供）

中班主题项目活动"过新年 挂红灯"

【主题课程缘起】

相对小班，中班幼儿思维能力有一定发展，动手能力提升，能够比较熟练使用剪刀、胶棒等常见工具，并在教师帮助下尝试系带子、打结、使用刻刀。在新年主题活动中，幼儿有意愿认识新年，并在此基础上布置教室和幼儿园的新年环境，基于这样的前期经验，我们开展调查和了解新年、制作灯笼等项目活动。

迈进腊月的门槛，2022 年向我们走来。置身于热烈喜庆的节日气氛中，幼儿自我与他人的关系，与社会文化的关系也在不知不觉中建构着、发展着。为了引导幼儿对身边事物的现象产生兴趣和探索欲望，让孩子们了解过新年的由来，有机会参与到主题活动。在主题活动设计过程中，主要从"认识新年—新年准备—庆祝新年"三个环节入手，通过组织谈话、故事活动、歌曲和美工活动来加深幼儿对新年的认识与了解，体验过新年的乐趣。本次主题中涉及若干相互衔接的项目。比如，调查新年由来、布置教室、制作灯笼、设计新年游戏等。

【主题网络图】

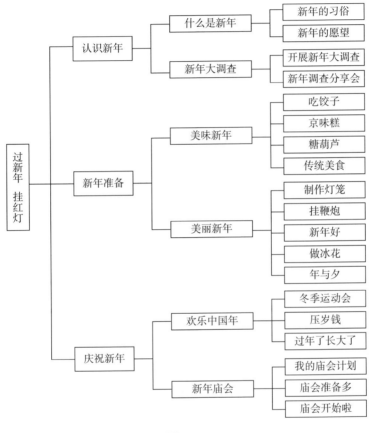

图 6-29

【主题项目目标】

1.通过调查和收集相关资料，知道新年的由来和意义，借助家园配合了解中国的传统节日及过节的习俗，能够积极参与到新年活动中。

2.能用学习到的操作技巧并选择多种材料进行新年活动的布置。

3.在主题活动中能够愿意开展进行持续性探究活动，积极进行猜想，并查阅各种资料，或者通过操作进行验证来支持自己的探究过程。

4.在解决问题过程中能够通过试误、学习等方式发现新问题，并敢于挑战，解决问题。

5.在新年的制作活动中，能够动手动脑想出几种解决问题的方式，遇到问题转换自己的思维，有创造性地解决问题。

6.在项目活动中尝试进行合作，在小组内能够尝试了解他人想法，并发表自己的想法。

7.在主题活动中能够迁移和调动各领域间的经验，解决问题。

8.通过新年活动引导幼儿初步体会到自己是集体中的一员，建立初步的集体观念，学习同伴间友好交往的方法，并能尝试解决交往中的问题。

【主题项目所需时间】1个月

【主题项目实施过程】

项目一：新年大调查

（一）确定项目任务

意图：在新年即将到来时，班级开始关于新年的讨论。通过调查，了解关于"年"的习俗。通过调查，培养幼儿捕捉和运用各种资料的能力，在分享中提升幼儿对传统文化的认识，感受新年欢乐的气氛。

具体过程：

1.通过谈话，知道新的一年要来了，引发幼儿对新年的讨论。

2.提出问题：新年是什么？关于新年你知道什么？了解幼儿前期经验并制定新年调查的任务。

（二）动手实践

意图：通过了解调查表，在家长和教师的引导帮助下，开展关于新年的调查活动，了解所在地域有哪些新年的习俗，产生庆祝春节的欲望。

具体过程：

1. 了解调查表的内容，为回家进行新年的调查奠定基础。

2. 把调查表带回家，在父母的帮助下进行调查。

（三）展示分享

意图：通过分享，引导幼儿习得关于新年的文化常识，激发幼儿的自信心和自豪感。

具体过程：

1. 回班进行调查表的分享，同伴相互学习，了解关于新年的知识。

2. 谈话：说一说你知道关于新年的知识？

3. 把学到的知识画下来，张贴在班级中。

项目二：制作灯笼

（一）确定项目任务

意图：新年要布置教室，孩子们提出通过做灯笼、做鞭炮、写福字等方式来庆祝新年到来，于是我们开展了手工活动。做完小灯笼后，孩子们进一步提出，想做两个大一点的灯笼挂在班级门口，于是我们生成制作灯笼的任务。

具体过程：

1. 产生装饰教室的愿望，并调查得知灯笼需要"成双成对"。

2. 通过制作鞭炮、小灯笼、写福字等方式布置教室，积累了做灯笼的前期经验。

3. 生成制作大灯笼的愿望。

（二）动手实践

意图：在制作小灯笼的前期基础上，分组进行大灯笼制作，完成制作灯笼壁—制作灯笼内衬—制作灯笼穗—挂灯泡等环节。

具体过程：

1.选择灯笼主体材料。

2.分组制作灯笼，完成：制作灯笼壁—制作灯笼内衬—制作灯笼穗—挂灯泡的环节。在制作过程中将不合适的地方进行调整和修改。

3.向园长妈妈介绍灯笼的文化，并提出挂灯笼的请求。

4.将灯笼悬挂在幼儿园内的大门两侧并连接插线板，在放学时间点亮灯笼。

（三）展示分享

意图：在分享展示的过程中激发幼儿完成灯笼制作和悬挂的成就感，并回顾制作灯笼过程中解决问题的经验。

具体过程：

1.展示图片回顾制作灯笼的过程。说一说：这是在做什么？

2.谈话：说一说，制作灯笼过程中，你知道了什么？看到灯笼挂在幼儿园，你有什么感受？

【课程纪实】

案例一：制作灯笼壁

做完小灯笼后，孩子们纷纷表示小灯笼装饰班级很漂亮，要是能做大的就好了，可以挂在幼儿园门口。因为之前我们说过，过年就是要在门口挂两个红灯笼。

于是老师提问："小灯笼怎么做的？"幼儿你一句我一句回答："长方

形的纸，画成一道一道的。"教师追问："上下呢？"说着展示小灯笼壁的材料。孩子们说："上下要留出一点距离。"

接着，我们开始在硬硬的长方形红纸上画线。孩子们直接画，却发现画歪了。于是玉玉提出："我们可以找东西比着画！"孩子们找来了小积木，用积木比着画。很快他们发现，小积木的粗细可以，但是太短了。于是在小雨的建议下换成细细的长条积木。画完线，可以用刀子拉开。孩子们第一次用刀子，显得很兴奋。于是教师及时提示了安全要求。很快他们发现，自己力气小，根本拉不透硬纸板。于是老师进行操作演示——用刀的尖，两个手抓刀，用力拉。孩子们学得很快，可是他们发现两个手都拿刀，摁不住比着的积木了。于是他们自觉配合起来一个摁住一个拉，这样就可以了。之后像小灯笼一样粘上却发现，这次纸太硬了，不好塑形，需要中间有个支撑的内衬，让灯笼保持圆形。

图 6-30　幼儿制作灯笼壁

案例二：怎么让灯笼亮起来？

为了让灯笼亮起来，孩子们从资料老师那里借来了串灯。可是串灯放在哪里，怎么固定呢？有的小朋友认为，应该放支撑灯笼壁的直筒中。有的小朋友觉得，应该放直筒外面，因为这样就可以透亮了。或者灯从直筒中穿过，放在外面一点也可以。瑞瑞立刻提出："可是灯露出来不好看了！"于是我们投票选择把串灯放在直筒中。他们一圈一圈把灯盘上，一个人扶住，一个人粘。

图 6-31　幼儿合作安装串灯

问题很快出现了，直筒不透光，放进去的灯打开也没有用。"怎么能让串灯放直筒里面还可以发光呢？"一提出这个问题。悠悠立刻说："内衬换成透明的。"孩子们纷纷同意，可是只有这一个办法。见孩子们没有其他方法，我问："为什么串灯放在直筒外层可以透亮？"阳阳回答我："因为外侧我们刚才用刀子拉出了口子。"我追问："那么里面怎么透亮呢？"孩子们立刻心领神会地回答我说："也拉出口子就可以了！"把灯笼内部支撑的直筒拿刀刻开，按照孩子们的设计刻成长方形、三角形……这时安安问我："刻成圆柱可以吗？"马上，他又想了想说："不行。"我问他为什么不行，他却笑笑说不出来。于是我比画了一下："因为圆柱是厚厚的，纸是薄薄的。"

案例三：制作灯笼穗

制作之前我提问："你认为什么是灯笼穗？"孩子们说："灯笼穗是一条一条的线垂下来"，于是我出示灯笼照片提问："哪里是灯笼穗？"孩子们指一指，说一说之后，我总结道："灯笼穗的线是长长的，垂下来的，在灯笼中间位置。"

于是我拿出设计图，孩子们分组设计灯笼穗，有的组设计一簇一簇的，有的组设计一圈细细的围在灯笼底下，有的设计一个穗在灯笼下方的中间。设计完成孩子们分组制作。

设计围成一圈灯笼穗组的幼儿选择黄色镭射纸制作灯笼的穗。我提问："我们需要多长的纸？"孩子们围了一下灯笼底下的口，剪出合适的周长，选择了他们认为合适的长度，用尺子比着画线并剪了下来。材料有了，我提出问题："可以直接粘上吗？"铃铛说："不可以，灯笼穗要一条一条的。"有了上次制作灯笼壁的经验，孩子们很快从美工区找到冰棍儿的小棍儿，开始画线后裁剪，尝试的过程中发现一个人完不成，需要有人帮忙摁住小棍儿的两头。画完剪完后，幼儿合力一起进行粘贴，这组灯笼穗在小组共同努力下完成了。

图 6-32　幼儿制作灯笼穗

【课程省思】

在制作灯笼壁和内衬的时候，教师根据幼儿的想法提供了多种材料，经过不停的操作对比，幼儿选择了材质较硬的，印有暗花纹的红色纸。经过制作、商讨，孩子们进一步改造内壁，选择了透光性好的透明膜作为灯笼内壁材料，解决了灯笼亮起来的问题。在制作灯笼穗的过程中，教师为幼儿提供了毛根、毛线、镭射纸等半成品材料供幼儿选择制作。这些低结构性材料大大提升幼儿动手操作能力和把想象变成现实的塑造能力。

在师幼互动过程中，教师采取提问、追问的方式，帮助幼儿自己发现问题，解决问题，给幼儿提供动脑思考的机会。不仅如此，相比交流，教师更多的是观察和记录，观察幼儿的创造性表现，并分析其背后的行为，给予专业的知识。并通过视频方式记录幼儿表现，作为教师反思和分析幼儿的有效工具。在操作刀子、剪子等危险的工具时，教师针对幼儿个体差异选择一对一指导，或者手把手帮助的策略，保障幼儿在项目活动中的安全。

幼儿在项目中，基于调查和兴趣开展活动，活动中幼儿是有前期经验支持的，在认识的基础上创造力得到很好的发挥。通过在不断地遇到问题，解决问题的过程中，提升解决问题的能力和跨领域知识运用的能力。

（本案例由北京市朝阳区丽景幼儿园　李佳景　马仪菲提供）

第三节　STEAM 教育理念下的大班主题项目活动的设计与实施案例

大班主题项目活动"被子大作战"

【主题课程缘起】

疫情以来，幼儿园很多的事物都发生了改变，家长也因此无法进园参与幼儿园活动。幼儿园卫生保健要求为保障幼儿身体健康，每月末家长要将幼儿被褥拿回家清洗、晾晒，由于大四班处于三层最里面的教室，离大门最远，所以每月一次的被子大转移需要老师们人工完成，小朋友看到老师们辛苦忙碌的身影，纷纷提出想要一起拿被子的想法，于是针对"运被子"我们展开了一次深度谈话。澈澈说："小朋友拿着重重的被子下三楼是非常困难和危险的。"卷卷："可是我就想帮老师一起拿。"月亮："可我拿不动啊。"于是我赶紧抛出了这样一个问题："如何能将被子又快又省力又安全地运下去呢？"孩子们七嘴八舌地讨论起来，二宝说："要不我们把被子扔下去吧。"文艺说："扔下去多危险，我们可以让被子'坐滑梯'下去。"

大班幼儿具备了初步的自我保护意识和能力，动作的协调性、灵活性、准确性有了很大的提高，喜欢尝试一些有难度、冒险的动作，能用语言描述事物发展的顺序，能用图示、符号等形式简单记录日常生活的经验，能主动、友好地与他人交往，体验分享、互助、合作的快乐和意义。提供机会支持、鼓励幼儿提出问题、积极猜想、收集信息、尝试实验和解决问题。幼儿在观察、比较、探究以及解决问题的过程中养成细心、专心、耐心、坚持、不怕苦难的品质。于是跟随幼儿的兴趣，我们班开启了"被子大作战"的研究之旅。

【主题网络图】

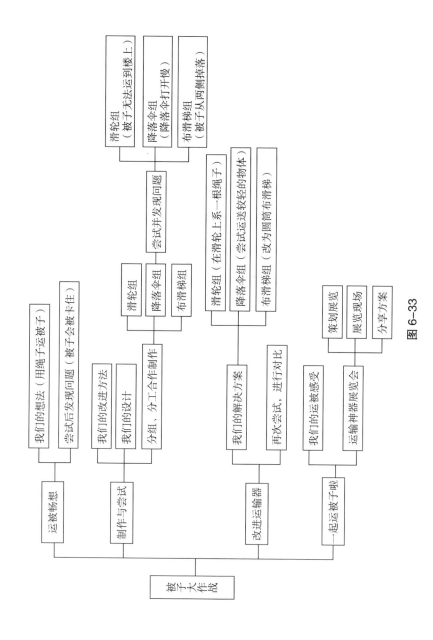

图 6-33

【主题项目目标】

1. 能用不同的材料进行制作运输器，主动发现问题并不断解决问题。

2. 遇到困难时，主动通过多种方式去尝试解决问题，活动中与同伴协作解决问题。

3. 喜欢挑战，能够主动尝试验证自己的猜想，并分享探究的经验和乐趣。

4. 能够进行初步的设计，制作设计图，发现问题、提出问题，并思考解决问题。

5. 能够运用语言大胆讲述自己的设计，并在探究过程中发现问题并提出。

6. 能根据自己的兴趣自由分组，在活动前小组内自主分工，探究过程中明确自己的职责。

7. 能用数字、图画、图标等多种符号信息手段进行记录。

【主题项目所需时间】1 个月

【主题项目实施过程】

项目一：运输神器加工厂

（一）确定项目任务

意图：围绕孩子们的讨论，老师适时地提出问题"我们怎样才能又快、又安全、又便捷地将被子运到楼下呢？"这一问题一下激发起孩子们丰富的想象，想出了很多办法，于是设计运输神器应运而生。

具体过程：

1. 提供每月老师运被的图片，幼儿观察图片并分享感受。

2. 幼儿思考如何又快、又安全地运送到楼下。

3. 教师鼓励幼儿记录自己的想法并与大家进行分享。

（二）小组设计

意图：幼儿根据自己的想法，设计运输神器。依据日常生活经验提出三个关于运输被子的想法，分别是降落伞飘落器、布滑梯传输器和滑轮运输器。幼儿自愿结组并分组探究。

具体过程：

1. 观看滑轮、滑梯、降落伞运输的相关视频，丰富经验。

2. 寻找制作三种运输神器相关材料。

3. 小组内通过讨论，绘制形成设计图。

4. 通过小组讨论，确定组内分工并记录下来。

（三）动手实践

意图：根据设计幼儿分小组动手操作，在探究过程中，幼儿不断在发现问题，思考解决问题的方法，并通过实验一遍遍验证得出结论。

具体过程：

1. 选择合适的材料操作。

2. 分组进行制作并进行验证。

3. 发现并解决制作中所出现的问题。

（四）展示分享

意图：介绍自己制作的"运被神器"，达到经验共享的目的。

具体过程：

1. 幼儿向全班小朋友展示自己的运被神器并进行演示。

2. 幼儿分享自己的制作过程：在制作过程中遇见的问题及解决办法。

项目二：运输神器展览会

（一）确定项目任务

意图：创设运输神器展览会，将经验分享给更多的班级，帮助更多的班级实现便捷运被子。

具体过程：

1. 讨论如何帮助更多小朋友将被子运送下去。

2. 成立设计运输神器展览会。

3. 幼儿根据展览会的内容（环境布置、海报制作、分组介绍）进行分组。

（二）小组设计

意图：设计运输神器展览会，讨论每组所需的材料以及准备的内容。

具体过程：

1. 环境布置组确定合适的场地，并寻找制作展示台的材料。

2. 海报宣传组思考海报上应该画哪些内容比较吸引小朋友。

3. 介绍组的小朋友思考从哪些角度介绍本组的运输神器。

（三）动手实践

意图：三组的小朋友依据自己的任务进行组内分工操作，通过实践发现问题，寻求解决问题的方法，不断改进自己的设计。

具体过程：

1. 环境组的小朋友利用废旧材料创设展览会环境，创设微型实验室方便其他班级的幼儿进行观看。

2. 滑轮组、布滑梯组、降落伞组幼儿利用教室中的材料进行模拟实验。

3.宣传组的小朋友利用绘画、裁剪、粘贴等多种方式制作宣传海报。

4.介绍组的小朋友将自己要分享的内容用表格的方式记录下来。

（四）展示分享

意图：邀请其他班级的幼儿一起来参加运输神器展览会，达到经验共享的目的，分享三种运输神器的优缺点，并选择合适的运输神器真正运输被子。

具体过程：

1.向其他班级的幼儿介绍自己的设计方法以及制作方法。

2.选择合适的运输神器帮助其他班级运送被子。

3.将幼儿介绍以及运被子的精彩瞬间记录下来，活动结束后鼓励幼儿分享自己运被子的感受。

【课程纪实】

案例一："我是小小设计师"

幼儿围绕着"如何又安全又快地运被子"这一问题，依据日常生活经验提出三个关于运输被子的想法，分别是降落伞飘落器、布滑梯传输器和滑轮运输器。幼儿自愿结组并分组探究。这时教师就会分组进一步支架引导，继续引发幼儿思考"如何用这三种运输器运被子呢？做这三种运输器我们需要什么材料呢？"

图6-34

降落伞组的幼儿说道："我们可以做一个大的降落伞，在降落伞下面用一个钩子挂着被子，然后在咱们班门口的窗户口把它放下去！"于是教师支持幼儿的想法，追问道："要做大多的降落伞，用什么材料制作降落伞？"于是降落伞小组的幼儿和教师一起查阅相关资料，了解到制作降落伞的步骤后，经过讨论最终确定用一块 2 米 ×2 米不透风的大布、一条长长的尼龙绳以及剪刀来制作降落伞，用 S 钩把降落伞与被子连接起来。

布滑梯组的幼儿说道："我们可以找一块长长的布，让被子从布上滑下来。"教师随即抛出把布的两端固定在哪里这一问题。

"我们可以把布一端绑在窗户口的栏杆上，另一端拿一个重的东西给它压住！

"我们还是绑在大三班门口的栏杆上，因为他们窗户下面没有遮挡物。"

"我知道了，我们楼下有篮球架，可以用篮球架压住。"

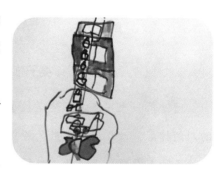

图 6-35

滑轮组的幼儿设想用一个滑轮，在滑轮底下钩住被子，最后把滑轮固定在一条绳子上，这样被子就可以下去了。教师肯定幼儿的想法后。继续抛出问题绳子固定挂在哪里，幼儿经过下楼实地勘察，滑轮组的小朋友最终确定想要系在大门口的灯柱上。

图 6-36

经过大家的头脑风暴后，为了增加幼儿的任务意识以及计划能力，教师则鼓励幼儿开始绘制本组运输器的设计图以及小组分工。如图例所示（滑轮组设计与分工）：

图 6-37

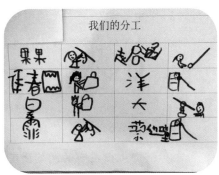

图 6-38

案例二：被子总是从两边滑出怎么办？

通过第一次用布滑梯运送被子的尝试，幼儿发现被子经常会从布滑梯的两侧掉落，幼儿思考失败的原因时，发现了滑梯的造型不适合我们制作运被子的布滑梯。于是幼儿想制作一个 U 形布滑梯，这时幼儿发现了一个新的问题，如何将滑梯固定成 U 形呢？幼儿提出了用棍子固定布的两侧，就能变成 U 形布滑梯了，幼儿尝试后发现，确实可以变成 U 形布滑梯，但是不好收，这时有幼儿提出除了 U 形滑梯还有圆筒滑梯呢。幼儿想一起制作圆筒布滑梯，制作过程中教师提出问题："用什么材料能将布滑梯固定得更结实？"幼儿提出猜想："用胶枪、用胶钉、用双面胶。"教师则提供一小块布请幼儿尝试将布的两端固定，尝试后教师提问：如何验证哪种方法固定得最牢固？幼儿提出验证方法：抻一抻，结果都没坏，幼儿再次提出验证方法：用 S 钩钩住小竹筐，另一端钩在布滑梯上，然后往竹筐里放积木，哪组的布滑梯装的积木多哪组就是固定得最牢固的，教师提供了材料支持幼儿验证自己的猜想并进行记录。如表 6-1，最后通过实验比较发现利用胶枪能较好地固定住布的两端。

表 6-1

材料	所能承重的积木数量	探究结果
胶枪	24 根	牢固，竹筐放满 24 根了，布滑梯还没有断
双面胶	6 根	不牢固，7 根积木的时候已经断裂
胶钉	3 根	不牢固，放第 4 根积木时已经断裂

【课程省思】

教师方面：

1. 教师能够准确发现幼儿一日生活中的问题，抓住教育契机，形成"被子大作战"项目活动，思考活动本身的教育价值。

2. 在项目活动中，教师的教育理念有了明显的变化，随着幼儿在项目活动中的需求，会在引导者与支持者之间不停转变，在幼儿发现问题无法解决时，做一名引导者，用提问的方式引导幼儿解决问题，当幼儿做出猜想与设计时，我会给予幼儿材料、时间、经验、场地等支持幼儿主动探究。

3. 在本次活动中，教师结合大班幼儿的年龄特点，采用了多种方式支架幼儿，促进幼儿主动学习。

（1）创设宽松的探究氛围：给予幼儿充足的探究时间，充足的探究场地，以班级微模拟的形式验证幼儿的猜想。

（2）开放性提问：在幼儿参与活动的过程中，用"你想用什么样的材料试试？""哪个胶可以粘得更牢固？""如何验证哪个更合适？"在开放性的提问中，为幼儿营造更多的思考空间。

（3）材料支持：提供幼儿猜想中所需的各种材料，供幼儿探究。

（4）小组合作：活动初期，幼儿根据兴趣自由分组，在整体活动项目中，每次活动都是以小组的形式开展，在活动中，幼儿能自主分工并合作制作运输器，体现了小组化的共同学习方式。

幼儿方面：

《3~6岁儿童学习与发展指南》中指出要重视幼儿的学习品质。幼儿在活动过程中表现出的积极态度和良好行为倾向是终身学习与发展所必需的宝贵品质。要充分尊重和保护幼儿的好奇心和学习兴趣，帮助幼儿逐步养成积极主动、认真专注、不怕困难、敢于探究和尝试、乐于想象和创造等良好学习品质。在本次项目活动中，对幼儿的学习品质发展有如下反思：

（1）幼儿的成就感、自信心得到了明显提升。当孩子们完成了运输器的制作后，他们会急切地进行尝试，体验成功的喜悦。还会将自己的喜悦分享给朋友和家长，对此次活动，家长也给予了很大的支持与肯定。

（2）幼儿的主动探究意识增强。幼儿在验证他们的猜想发现问题后，他们会自己动脑筋思考："为什么被子会掉落？""为什么降落伞不能马上打开？"孩子们会发现很多问题，也愿意通过寻找合适的材料、反复操作尝试、情景模拟等多种方式解决自己遇到的问题。

（3）在活动中不怕困难、不怕失败、敢于挑战：在降落伞组失败后，他们主动提出想去帮助其他两组幼儿一起完成运输器。在制作运输器的过程中，孩子们遇到了很多困难，如：被子掉落、降落伞组失败、圆筒滑梯固定不住等，但是他们从没有灰心或想放弃。

（4）分工合作意识增强：项目活动前，班级幼儿有初步的合作意识，在项目活动中，幼儿能在小组内自主明确分工，活动中幼儿完成自己的任务后会主动帮助其他幼儿。

（本案例由北京市朝阳区丽景幼儿园　蒋华青　陈鹏　时鸿雁提供）

大班主题项目活动 "一园青菜成了精"

【主题课程缘起】

幼儿升入大班，发现本班的幼儿特别喜欢"打仗"等具有对抗性的比赛，尤其是男孩子特别喜欢竞技类游戏。合作与竞争主题也因此成为了班级里的重点话题。在了解关于北方的童谣时，孩子们接触了到一本非常有趣的绘本《一园青菜成了精》，这本绘本围绕着蔬菜们"合作打仗"这一主题，符合幼儿现阶段的兴趣需求，利于满足幼儿的心理愿望。他们不仅对内容感兴趣，还创编了部分情节，很多幼儿纷纷提出想要把这个绘本演出来，为此一台科学绘本剧就此诞生。

在演绘本的过程中，孩子们兴趣盎然地动手设计服装与道具，在实际设计与体验表演中，由于来不及换多套衣服，需要变身的"蔬菜宝宝"们陷入思考：怎样能不用换衣服就能表现出故事情节（例如，"歪嘴葫芦放大炮"，"打得黄瓜上下青"）呢，于是我们和孩子一起开始了"多变的戏服"的探究之路。

【主题网络图】

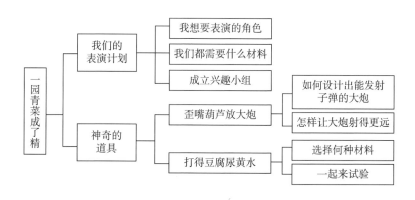

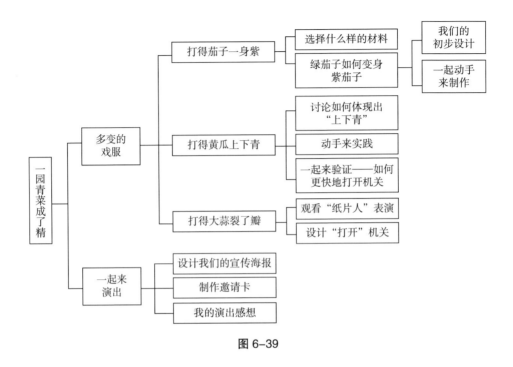

图 6-39

【主题项目目标】

1. 在项目中能够积极动脑，利用多种方式设计出"多变"的戏服。

2. 制作服装道具过程中能够相互帮助、邀请他人进行项目并完成分工，在过程中表达自己的见解和想法，进行讨论和协商。

3. 在设计、制作具有变化的衣服和道具中，掌握测量、折叠、固定机关等方法，提高动手能力。

4. 能够根据物体的特性选择适宜的材料，如利用磁力、弹力等方式设计机关时，会运用磁铁、皮筋等材料。

5. 在项目过程中，遇到困难时尝试分析原因，并主动通过多种途径尝试解决问题。

6. 在活动前有计划、目的地围绕项目进行活动，有一定的坚持性。

【主题项目所需时间】1 个月

【主题项目实施过程】

项目一：营造真实的表演情景——神奇的道具

（一）确定项目任务

意图：成立兴趣小组，按照自己的角色讨论需要什么道具，提高计划性和任务意识。

具体过程：

1. 思考自己想要加入的道具小组，成立兴趣小组。

2. 采访家长、老师如何制作道具。

（二）小组设计

意图：能够想出多种办法制作自己的道具，在过程中提升幼儿的创造力和问题解决能力。

具体过程：

1. 观看"纸片人"表演丰富幼儿前期经验。

2. 设想利用什么"动能"将大炮发射出去。

3. 在班级中寻找可以利用的材料。

4. 小组内通过讨论，绘制形成设计图。

（三）动手实践

意图：根据猜想动手制作，小组内合理进行分工与商讨，在制作中发现材料的适宜性并进行调整。

具体过程：

1. 选择合适的材料以及动能进行制作。

2. 分组进行制作以及验证。

3. 发现并解决制作中所出现的问题。

（四）展示分享

意图：介绍自己的"产品"，达到经验共享的目的。

具体过程：

1. 幼儿向全班小朋友展示自己的作品并进行演示。

2. 结合台词、音乐进行"试演"。

3. 观众进行评价。

项目二：设计制作"多变"的服装

（一）确定项目任务

意图：成立合作小组，初步确定"茄子""辣椒""黄瓜""大蒜"的四个小组。

具体过程：

1. 幼儿根据兴趣自愿结组。

2. 利用美工区制作的"京剧"变脸丰富前期经验。

3. 幼儿讨论如何体现出"变身"。

（二）小组设计

意图：根据自己的"任务角色"进行初步的猜想与设计，并形成设计图。

具体过程：

1. 小组进行猜想，教师对其想法进行鼓励和材料支持。

2. 幼儿绘制设计图。

3. 师幼寻找合适的材料。

（三）动手实践

意图：小组分组合作制作"多变"的戏服，在制作中学习叠加、固定等多种技术。

具体过程：

1.教师提供多种无纺布、绳子、撕拉粘扣、磁力扣供幼儿进行选择制作。

2.分组进行制作，教师分组指导。

3.发现幼儿问题进行调整修正。

（四）展示分享

意图：回忆自己的制作过程，加上背景音乐进行初步的"排练"，在演的过程中进一步发现"服装"的相关问题。

具体过程：

1.教师将幼儿的制作过程呈现在大屏上。

2.幼儿回忆讲述自己的操作过程。

3.分享自己制作成功后的感受。

【课程纪实】

案例一："歪嘴葫芦放大炮"怎么放?

猜想一：可以利用皮筋把大炮弹出去。

在制作歪嘴葫芦时，孩子们纷纷提出了自己的猜想。唐唐说："老师，大炮怎么做? 我们没有火药啊，而且大炮非常大。"我问："大炮有什么特点呢? "唐唐回答我："大炮有一个长长的炮筒。"我又提出问题："你觉得咱们班什么可以制作炮筒? "朵朵说："要不用纸试试吧。"唐唐走到美工区，拿起一张纸，把纸卷了起来，然后用透明胶带将纸粘好。幼儿很快发现纸做的炮筒有点软，如果放上大炮就破了。唐唐去美工区走了一圈，然后拿起一个大的纸卷筒，说："这个可以当炮筒。"我又提问："那你想用什么当炮弹呢？你的炮弹怎么发射出去？"唐唐回答我："我知道真的大炮是用火药发射的，但是火药太危险了，我们不能用，我们可以用弹簧把它发射出去。"师："可是咱们班没有弹簧怎么办？"齐齐说："我们可以用弹弓啊！加一根皮筋就行了。"于是我们开始去益智区里找了各种皮筋。

寻找完材料后，我们决定试一试。唐唐说："我想用一个大大的炮弹，皮筋能把它发射出去吗？"她决定试一试。于是唐唐用双面胶、透明胶带等固定皮筋，均没有成功，一拉皮筋皮筋就会脱落。我问："你来看看这个图片（弹弓图片），你看它是怎么固定的？"朵朵回答："那个支架上有洞，从洞里穿过去的。我们需要打个洞"于是唐唐利用剪刀在纸筒上开了两个洞，将皮筋固定在纸筒上。唐唐迫不及待地拿起圆形积木试了起来，但是积木弹射不出去。"为什么呢？"我问。唐唐说："可能积木太重了吧，但是我就是想用一个大的炮弹。"我提醒幼儿："可不可以选一个很大，但是不是很重的材料呢？"琪琪在区域中看了看，拿着一个泡沫球走了过来，说："老师，这个又大又轻，我觉得可以当炮弹。"我鼓励她试一试。琪琪拿起纸筒，将炮弹放好，拉动皮筋，炮弹弹了一下，没有发射出去。于是

图6-40

唐唐决定增加皮筋，后来她增加了两根皮筋后，炮弹真的发射出去了。我问："现在我们横着固定好两根皮筋了，我们还可以怎么样做增加它的弹力呢？你玩过蹦蹦床吗，它们的皮筋是什么分布的？"琪琪连忙说道："我们可以交叉，就是横着两根，竖着两根。"说完琪琪开始打孔，打完孔开始在竖着的方向也固定了好皮筋，果然这一次比上一次弹得更远了！

猜想二：可以利用"气"把大炮弹出去！

歪嘴葫芦有两名表演者，所以葫芦组需要再做一个大炮。除了用皮筋，我们还可以用什么材料制作呢？朵朵说："我们家有一个火箭玩具，我脚一踩火箭就能上天！因为里面有气，我们一踩，'气'就会使劲儿，所以火箭就能飞起来。"

图 6-41

第二天，朵朵将大炮玩具带来。（图片）思雨感叹："哇，这个大炮太厉害了，能打那么远。"我问："它的气在哪里？"思雨说："气在发射器里，我们一用力摁发射器，气就出去了，就把大炮打出去了。"于是孩子们决定用瓶子做发射器，用吸管代替塑料管做炮筒。"怎么把吸管和水瓶连接在一起？"我问，思雨建议用透明胶带。于是几名幼儿一起动起来，有的拿着瓶子有的拿着吸管，将吸管与水瓶缠在一起后，他们放入了毛球试了试，结果发射不出去。卷卷说："气的力气太小了，是不是我们没有缠好？我摁水瓶的时候听见有气跑出来的声音。"大家听了听发现真的有气跑出来，怪不得发射不出去。于是他们拿来了一些纸巾，将纸巾把水瓶口堵上，发现放不了吸管后，又将纸巾拿出来，再将纸巾一圈一圈卷在吸管上，最后放入水瓶口，放好后又实验了一下，发现还是不行。为什么总是跑气啊？孩子们有点泄气了。卷卷提出："之前我们做动力小船的时候，胶枪连水都不怕，我觉得它也能堵住空气。"于是我们拿来了胶枪，用胶枪将吸管与瓶口堵住。孩子们赶紧放入毛球，然后用力的摁瓶子，毛球真的被推出来了，他们开心地喊道："我们成功啦！"

案例二：会"隐身"的茄子

在表演的过程中，茄子组发现自己来回换装特别耽误时间，如何由绿茄子一下子变成紫茄子呢，孩子们七嘴八舌地讨论着……菲菲说："我们可以做两个茄子，一个穿在前面，一个穿在后面，这样当说到打得茄子一身紫的时候，我就背对着观众。"果果提出异议："可是你表演总不能一直背对着观众吧。"童童说："那我们可以把紫茄子藏在绿茄子的后面，一起穿到前面，就像电视上那个纸片人一样，就是得先把紫的藏起来。"听了她的意见，孩子们一致赞同，不一会儿两个颜色的茄子和衣服都做好了。

说着幼儿将服装都穿戴好，边说儿歌："打得茄子一身紫"，边把服装外部的绿色服装掀了起来，露出了里边的紫色。果果说："好麻烦呀，一只手总是得撑住衣服，老师我不想穿这个了。"我回答："你们可以想一种办法，把紫的茄子藏起来，然后再变出来呀，这样手就不用一直撑着衣服啦。"听了我的话果果和童童开始摆弄起面前的这两块布。突然果果说："老师，就像是寿司一样把它卷起来可以吗？"于是果果、希希、菲菲、童童开始动手卷自己面前的紫色和绿色的布。菲菲提出问题："怎么才能固定住呢？"果果拿来双面胶，没一会儿，几个小朋友把茄子紫色的部分卷起来了。希希说："那这个茄子卷完了上边还是紫的，下边是绿的也不好看啊。"果果说："咱把上边那部分再铺上一层绿色的布不就好了吗。"于是几名幼儿又拿剪刀剪了一块大小差不多的绿布贴到了已被卷好的紫布上。

我提问："你们观察一下，现在做好的茄子和一开始画的茄子图形还一样吗？"童童回答："现在的这个变形了，被我们卷完以后茄子就变形了。"我追问："那你们想个办法把它变成之前的形状呗。"希希："咱们把多余的部分折进去，不就好了吗。"孩子们采取了合适的胶把茄子粘起来。制作完成后，孩子们把衣服穿在了身上，边说儿歌边把藏起来的紫色茄子"变"了出来，小朋友们高兴极了。

【课程省思】

在项目前期，教师主要利用讨论法，引发幼儿思考如何呈现出"多变"的戏服，为了丰富幼儿的前期经验，教师带领幼儿一起通过观看达人秀"纸片人"的表演，一起发现制作多变戏服的秘密。和孩子商量以后，我们决定分成 3 个兴趣小组，即歪嘴葫芦组、黄瓜组、茄子组。通过小组讨论引发幼儿找到解决问题的突破口。其幼儿在分组之后教师则带领幼儿一起先进行猜想，然后进行验证，接着进行修改，再验证的方式，最终形成解决问题的方法，培养幼儿创造能力以及动手操作能力。

在制作出多变的戏服中，幼儿想出利用层层叠加方式，设计不同的打开机关，有些幼儿想设计三层，有的幼儿则利用"对称"的方式，对折"隐藏"自己的机关，在不同的活动中，幼儿积极思考，说出自己的想法，并尝试验证，最后寻找适宜的方式，发现同一问题可以利用不同方法解决，提高解决问题的思维能力。

固定机关的时候，部分幼儿想到了利用磁力吸附的办法，选择了磁力胶、磁力片等材料。还有幼儿想通过粘贴的方式进行撕拉衣服，幼儿选择了日常生活中常见的撕拉粘扣，发现撕拉粘扣不仅粘得更牢，也非常容易打开。葫芦组在设计机关时为了体现"放大炮"，则想出利用弹力，在选择材料时，则选择了用皮筋，且在探究过程中通过不断增加皮筋的数量来增加"射程"。不同材料的探索与实践，培养幼儿的创造力及动手实践能力。

教师在幼儿遇到问题时采用鼓励式语言："你可以试一试"鼓励幼儿大胆探究；当幼儿遇到问题停滞不前时，教师没有告诉幼儿问题出现的原因，而是引发其发现问题，思考出现问题的原因，如何能够解决这一问题进行猜想再实施，这一过程中，帮助幼儿梳理经验，提高解决问题的能力；通过投放各种材料，供幼儿进行选择并进行试验，在试验的过程中给予幼儿试错的机会。教师利用不断追问的方法引发幼儿进行深层思考，例如"如何能让大炮射得更远呢"引发幼儿思考皮筋数量与射程的关系。幼儿在活动中根据自己的需求以及兴趣形成小组，在小组合作的过程中汇总，幼儿协商解决问题。

（本案例由北京市朝阳区丽景幼儿园　蒋华青　王茉暄提供）

大班主题项目活动 "探秘自行车"

【主题课程缘起】

随着孩子们升入大班，话题也从玩具、游玩变成了跳绳、骑车。孩子对自行车越来越感兴趣，还时常谈论自己的骑车经验，孩子们每天都会讨论"昨天晚上我去骑自行车啦！""我已经会骑车了""我已经把后边的两个小轮子拆下来啦，就是有点骑不稳，不知道为什么？"

"陈老师，昨天我的自行车有一个铁链掉下来了，然后自行车就不走了，您知道为什么吗？"听着孩子们提出来的各个问题，我发现，孩子们对自行车的关注点已经延伸到他们的生活当中了。

基于自行车本身具有的教育价值和幼儿在日常生活中提出的一些问题，我们确定了"探秘自行车"这一主题，希望通过和幼儿共同开展主题活动，激发幼儿探究自行车的兴趣，体验探究自行车的过程，发展初步的探究能力。

【主题网络图】

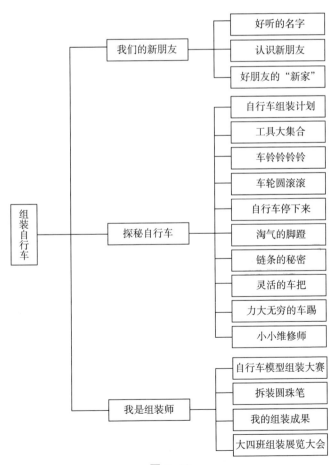

图 6-42

【主题项目目标】

1. 探索自行车各个零件的功能及其工作的简单原理。

2. 能使用工具拆装自行车。

3. 尝试同伴合作设计组织自行车拆装活动。

4. 用自己喜欢的方式绘画、制作自行车。

5. 遇到困难时，主动通过多种途径尝试解决问题。

6. 能够在拆装自行车中进行合作，与同伴和成人积极交流。

【主题项目所需时间】15 天

【主题项目实施过程】

项目一：自行车停下来

（一）确定项目任务

意图：通过图片，幼儿观察自行车车闸的位置，并尝试小组合作安装车闸。

具体过程：

1. 幼儿一同认识车闸，了解车闸的重要性。

2. 尝试使用合适的工具安装车闸。

3. 了解车闸刹车的原理。

（二）小组设计

意图：能够小组合作选择合适的材料进行自行车组装，并能够针对安装部位友好协商并分工与合作。

具体过程：

1. 幼儿通过观察材料尝试将车闸固定。

2. 小组讨论选择适宜的工具，如改锥、扳手等。

（三）动手实践

意图：根据工具的特性尝试组装车闸，并能够将车闸固定在合适的位置上，在实践过程中，能积极发现安装中的固定、组装问题并动脑想办法积极解决。

具体过程：

1. 能够按照组装说明书安装车闸。

2. 安装后验证车闸是否合适并进行调整。

（四）展示分享

意图：鼓励幼儿积极与大家分享自己的实践操作结果，教师对车闸的原理作出进一步解释，引发幼儿进一步思考。

具体过程：

1. 幼儿分享小组设计思路以及组装结果。

2. 教师通过提问引发幼儿进一步思考车闸刹车的原理并进行小结。

项目二：小小维修师

（一）确定项目任务

意图：根据先前幼儿组装自行车的经验，以情境导入的方式引发幼儿维修自行车的意愿，从而达到经验迁移的目的。

具体实施过程：

1. 回忆自己的组装过程。

2. 教师情境导入"幼儿园有三辆坏的自行车"，引发幼儿动手修理自行车的愿望。

（二）小组设计

意图：知道自行车各零部件的功能及简单原理，并能够商量出初步的修理方案。

具体过程：

1. 出示三辆有故障的自行车，幼儿根据自己的判断寻找自行车出现的问题，并用相应的材料进行维修。

2. 根据寻找的问题形成兴趣小组。

3. 小组之间协商初步的修理方案并形成设计图。

（三）动手实践

意图：能够采用搭接、固定等方式进行修理自行车，在修理过程中，能够不怕困难，敢于挑战。

具体过程：

1. 幼儿尝试根据设计图，并使用适宜的工具修理自行车。

2. 小组发现问题，并再次协商，利用多种方式解决问题。

（四）展示分享

意图：引发幼儿积极分享自己在组装自行车过程中的所遇到的问题与解决办法，并且将修好的自行车进行展示，提高幼儿的自我成就感。

具体过程：

1. 教师将幼儿的探究过程进行拍照记录并放在大屏上供幼儿观看与学习。

2. 小组之间相互分享修理的方式与选择的工具。

3. 小组相互交换自行车进行检查是否修理完好。

【课程纪实】

案例一：自行车停下来

一天，班里来了一位新朋友，幼儿对其产生了浓厚的兴趣，幼儿发现这个新的自行车是散架的，还没有组装好。于是我们开始了一系列的组装活动。通过之前开展的几次活动，我们对自行车的车把、车轮都进行了安装，但是一个新的问题出现了，车闸怎么安装？我们一起进行了讨论。我问："我们将车轮已经安装好了，但是车轮上应该有一个什么？"佩泽说："我知道，需要车闸，就像一块橡皮一样，我们刹车时候会用。"我又继续追问："那我们怎么安装呢？"孩子们仔细观察车闸配件，并对比安装步骤图，寻找车闸应该安装的位置，然后尝试进行安装。突然哥哥说道："这里有一个洞，我们可以把螺丝安这里固定。"旁边的帆帆也十分认同，于是孩子们把车闸安装好了……为了引发幼儿进一步思考，我又进一步追问："为什么一捏车闸车就会停住？"帆帆说："因为捏闸的时候这根线就会动，然后下边这个像橡皮一样的东西就会压住轮胎。"我又接着问："为什么这个一碰轮胎就会停呢？"佩泽说："是不是它能吸住轮胎？"我肯定了幼儿的想法，并和幼儿解释了闸皮与轮毂相碰，会产生摩擦力，摩擦力会让车轮停下来。

图 6-43

图 6-44

案例二：小小维修师

今天陈老师来幼儿园时，看见了三辆不一样的自行车，因为它们都出现了一点问题，不能骑了。于是我问小朋友："能不能帮助老师一起解决这个问题呢？小朋友们想不想挑战一下？"孩子们纷纷表示十分愿意，于是幼儿自由分组，一起挑选一个自己想挑战的自行车，然后仔细观察一下它到底是哪里出了问题呢？接着我引导幼儿思考有什么办法可以解决这个问题呢？到底是自行车哪里出了问题才导致自行车不能骑了呢？是自行车的车闸、车轮，还是脚蹬呢？你们知道车闸、车轮、脚蹬在自行车上的作用吗？小朋友纷纷表发自己的想法：车闸可以刹车、车轮转起来可以使自行车走、脚蹬可以带动链条，使自行车骑起来。于是我请幼儿自己动手试一试，看看能不能把这些坏的自行车修好。

第一组分享：

伊伊：我们组这个是车闸坏了，因为车闸松了，捏闸时闸皮都碰不到轮胎了。

老师：那你们可以怎么解决呢？

伊伊：我们用改锥和钳子给闸固定一下就好了。

第二组分享：

一诺：我们组的车轮掉下来了，我们之前组装过，知道怎么安装。

于是一诺拿来了扳手，将车轮放在车架下边，开始组装起来。

第三组分享：

冰彦：我们组的脚蹬坏了，我们需要给它安装上去。

浩浩：我们需要什么材料？

冰彦：我们需要扳手和改锥，脚蹬有两个，我们需要一起组装，你用扳手按住那边，我在这边用改锥拧上。

图 6-45

最终在孩子们的一起努力下，很快三辆自行车就修好了。

【课程省思】

主题活动开始，孩子们一起收集了很多材料，如：扳手、改锥、锤子等，对工具也有了一定的了解。幼儿初步感知各种工具的用处，知道改锥可以拧螺丝，扳手可以固定大一点的螺母，锤子可以固定物品等。在班级环境中，我们也摆放了一些自行车的模型供幼儿参考与组装。

在活动中，教师既是一名支持者也是一名参与者，与孩子们一起探究自行车的组装方式。幼儿在组装的过程中，能够持续地探究，在探究过程中教师以提问的形式进行引导，为幼儿提供丰富自主探究的空间与环境，鼓励幼儿根据组装时遇到的情况选择合适的材料解决。遇到困难时，教师鼓励幼儿小组想办法解决问题，还会鼓励幼儿运用搜集的资料、模型与实物对比，观察步骤图等方法解决问题。

动手组装自行车对于大班幼儿也是具有一定的挑战的，正符合大班敢于挑战的学习方式，所以幼儿在整个活动中兴趣很高，同时活动前一天教师会与小组幼儿一同协商明日计划（组装哪个零件或位置），幼儿回家后会搜集资料或细致观察自己的车辆，给予幼儿充分的了解、准备的时间。在活动中，鼓励幼儿合作、协商完成，观察幼儿的探究过程，在需要的时候给予幼儿一定的材料与技术的支持。在每组完成组装后，鼓励幼儿充分表达自己的计划，说一说自己小组运用哪些材料、哪些办法成功组装，小组式分享自己的成果，培养幼儿敢于尝试、敢于表达、不怕困难的良好学习品质。

（本案例由北京市朝阳区丽景幼儿园　陈鹏提供）

第七章

STEAM 教育理念下的幼儿区域
项目活动设计与实施

第一节　STEAM 教育理念下的小班区域
项目活动设计与实施案例

小班区域项目活动"给小鸡蛋搭房子"

【区域目标】

1. 尝试用适宜的材料把鸡蛋保护起来。

2. 用围拢、叠高、连接等方法给小鸡蛋搭家。

3. 根据搭建成果，说出搭建中发生的事情。

【参与对象所需时间】每组 6 人；1 个月

【区域项目实施过程】

（一）生成问题／任务

设计意图：项目主题来源于阅读区绘本《最奇妙的蛋》活动，教师通过观察、引导幼儿讨论，萌发幼儿的搭建兴趣。

实施流程简述：

1. 阅读绘本《最奇妙的蛋》。

2. 问题提出"小鸡蛋住哪里？"

3. 尝试在建构区进行搭建。

（二）讨论与设计

设计意图：借助三八妇女节的契机，班里开展了随身保护一颗鸡蛋的活动。通过本阶段项目实施，让幼儿充分观察鸡蛋、了解鸡蛋的特征，为"给小鸡蛋搭房子"做好经验准备。

实施流程简述：

1. 借助节日的来临，幼儿尝试用身体或材料保护鸡蛋。

2. 了解鸡蛋的特征。

（三）动手实践

设计意图：本阶段考虑到小班幼儿心理具有直觉行动性的年龄特征，为幼儿先后提供假鸡蛋与真鸡蛋，鼓励幼儿在操作中通过反复尝试，探索并掌握给小鸡蛋搭家所需的搭建技能。

实施流程简述：

1. 给假鸡蛋搭家，掌握给小鸡蛋搭家所需的搭建技能。

2. 真鸡蛋替换假鸡蛋。

3. 在搭建过程中利用辅材和软积木进行不同方位保护鸡蛋。

4. 增加鸡蛋的数量。

（四）展示分享

设计意图：本阶段设计意图在于帮助幼儿梳理经验、发现新问题并支架幼儿不断延展项目。结合小班心理发展年龄特点，教师会在每次项目活动后都开展一次分享活动，鼓励幼儿大胆表达，形成积极交流经验的氛围。

实施流程简述:

1. 以照片、视频、实物的方式进行展示。

2. 引导搭建幼儿共同分享与讨论。

【课程纪实】

案例一:给假鸡蛋搭家

今天我在建构区投入了玩具鸡蛋。洋洋首先进入建构区发现了小鸡蛋,对然然说:"你看这是毛毛生的鸡蛋吗?"然然放好鞋,跑到洋洋旁边看了看,笑了笑。然后和洋洋一起走到了木制彩色积木旁边,每人拿了两个黄色的长方形,摆成了一个长方形。洋洋轻轻地把鸡蛋放在了里面。两个人又开始拿长细条的黄色积木往长方形上面搭建,搭成了一个长方体。

洋洋对我说:"老师您看,小鸡蛋在这里呢!"我说:"我都看不到小鸡蛋,万一小鸡蛋出现危险怎么办?"然然右手食指指着搭建好的房子说:"不会的,这个房子可牢固了(他双手向下压了压积木),狐狸来了都进不来。"我又说:"可是,我们现在也看不到小鸡蛋呀,我们怎么样才能随时看到呢?"(图7-1、图7-2)

图7-1　　　　　　　　　　　图7-2

这时洋洋和希希都拿来了长方形纸积木用刚才的方法围了一个大的长方形，然后用相同的纸积木在上面进行平铺。铺满以后，他们开始用彩色空心积木在旁边搭建。然然在桌面积木中拿了一个小床，把鸡蛋放在了床上，把床从没有搭建的地方放了进去。这时洋洋说："老师，小鸡蛋有自己的床了，现在这个是它的屋子。"我说："那这次我们能看到小鸡蛋吗？"四位小朋友都指着没搭建的位置告诉我，从这里看就可以了。文文走到我的左边拉着我，左手指着一个彩色空心积木说："老师，这个是窗户，我们可以从这里看过去。"

案例二：给真鸡蛋搭家

活动开始了，泽泽先拿了 6 个长方形的彩色实木积木围拢成一个 U 形，然后在上面用细的长条积木平铺（图 7-3）。睿睿拿了一个生鸡蛋对我说："这个是鸡蛋，容易碎。"我说："是的，要小心哦。"睿睿点了点头，声音比刚才大了一点说："是，不能弄碎，会伤心！"于是他拿着鸡蛋往泽泽搭建一半的建筑滚了进去。然然看见了说："小心，这样会碎的。"睿睿拿起上面的一个细长积木说："没有碎。"然后转身拿了一个软积木放进了刚才建筑的边上，再一次把鸡蛋滚了进去，身体趴在地上看了看，笑着对我说："鸡蛋没事。"

然然说："你们在这边搭个窗户就好了，就能看到了。"泽泽重复了一遍，然后走到刚才搭建好的积木旁，拿起一边的积木。睿睿抢下被拿起的积木，又放了回去。他拿了两个正方形的彩色积木放在了门口，嘴里说："这是大门。"又把大门上的两块实木积木拿了下来，换了一个纸质长方形积木。

然然开始在泽泽和睿睿搭建的积木这边一直走来走去，并会和他们说应该怎么搭。当睿睿抢过泽泽的积木后，然然就转身走到彩色空心积木那边独自搭建。过了一会儿，我看到他搭建了一个又细、又高的建筑，便问他："这是小鸡蛋的家吗？"他说："不是，这个是探测器。"我追问："探测什么的？"他说："探测坏人的，如果有狐狸、老虎、坏人来偷鸡蛋，把鸡蛋弄坏这个就能报警。"说着，他还用手指了一下最上面的三角形告诉我："这个是可以转的。"

图 7-3

案例三：如何保护小鸡蛋

镜头 1

昨天搭建结束之后，我向睿睿提出问题："如果积木倒了，或者拆掉积木时，在里面的鸡蛋会不会碎了呢？"

于是今天睿睿吃完早饭就赶紧进入了建构区进行搭建。

他先拿了三块软的正方形积木，一个挨着一个连接好，又拿了几个纸积木竖着连接到正方形积木的上面，之后又拿了彩色空心积木、长条木制积木，向上平铺。这时我问他："准备把鸡蛋放在哪里呢？"睿睿没有理我，只是一直在拿不同的积木。最后我看到他拿了一个短的长方形的积木和一个长条的长方形积木竖着放在了上面，高一点的放树，矮的上面又放了一个透明的正方形，上面又放了一个圆形透明积木。然后转身去拿鸡蛋，放在了圆形透明积木上。走向我，抱着我说："马老师，鸡蛋在上面，不会碎啦！"我追问道："为什么要把鸡蛋放上面呢？"他指着积木说："它在最上面，最安全。"

镜头 2

前天的搭建中，幼儿已经知道选择软积木放在侧面去保护鸡蛋。在游戏结束后我利用视频回顾的方式进行提问："小鸡蛋会在里面一直躺着，会不会不舒服呀？如果滚到了硬积木的旁边小鸡蛋会受伤的。"带着这个话题今天泽泽再次选择了建构区。 小班幼儿在区角小项目活动中大部分会属于目的性较差，直觉行动思维。但睿睿连续两天在建构区进行搭建时都能够围绕一个问题进行搭建。

图 7-4

图 7-5

泽泽进区后先去玩具筐里拿了一个鸡蛋，在手里握着，走到积木柜前左走走右走走，过了一会儿拿出了一个软的正方体积木，放在了垫子上，慢慢地把鸡蛋放了上去，鸡蛋立不住，于是刚刚进区的嘉嘉拿了一个彩色圆形空心积木，把鸡蛋立在了上面。

泽泽对着嘉嘉说："这个积木硬，鸡蛋会破的。"嘉嘉说："不会呀，它动不了就不会。"泽泽没有回应转身继续去寻找积木,过了一会儿别人的积木搭建得差不多了,他看见别人拿着花丛,于是他拿了一个小的花丛放了上去。这时我走过去问他:"为什么会选择花丛来保护小鸡蛋呢?"泽泽说:"这个软而且它也不会跑,刚才那个我觉得硬。"

镜头 3

文文进入区角小项目后,快速拿了鸡蛋和小花丛,把鸡蛋放了进去,于是又拿了长方形的软积木放在了鸡蛋上,发现积木放不平总是掉。

图 7-6

这时洋洋过来,拿了一个拱形门的软积木直接放了上去对文文说:"这个中间有洞,可以立住"说着就放了上去,发现也立不住。两个人开始在软积木那寻找,把每个形状都拿了下来,依次尝试。因为失败了几次我走了过去指着鸡蛋的顶端说:"哎呀,这个拱形门磕到鸡蛋的头了。"我用手把拱形门抬高了一些,这时洋洋把手里拿的正方形的软积木放在了下面,我把拱形门平稳扶好说:"拱形门高了,磕不到鸡蛋的头了,这个地方好温暖。"我刚说完,文文把另一个正方形放在了另外一面。就这样底部和上面都用软积木保护完成了。

镜头 4

这时祎祎过来说："我家的床也很软呢。"我说："你家的床在家里面，可是小鸡蛋现在没有家，该怎么办呢？"刚说完，四位幼儿们说："我们给它搭家。"祎祎选择了黄色的木质积木继续围拢。

图 7-7   图 7-8

洋洋拿着小的正方形积木进行一个一个错位叠高（像搭长城一样）文文说："我们没有门和窗户呢，我去拿窗户，于是抱来了许多长方形空心彩色积木放在了正方形积木的空隙中。不一会儿他们说要搭建房顶了。先去拿了长条积木放在上面，发现太短了，又去拿了辅材马路的纸板放在上面比了比发现也短。祎祎看着我说："怎么办呀，下雨的话小鸡蛋会被淋湿的。"于是我说："那你们看看班里有什么东西适合当房顶的，去别的区寻找一下？"然然站在原地对我说："我们玩的平衡玩具里面的平板应该可以。"我说："你可以拿过来试一试。"他和文文快速去了益智区拿来了材料，比了比发现也不行。洋洋说："纸可以吗？马老师说咱们班有大大的纸，您能帮我们拿来试试吗？"我点了点头，拿来了大张纸。他们四个人一人拿一个角慢慢地放在上面，结果上面的积木倒下了几个。这时我说："地垫软，我们试试地垫吧。"文文说："地垫太短了，肯定不行。"洋洋说可以拼起来，就这样四个幼儿又开始拼地垫，拼好后慢慢拿起来，发现根本拿不起来。又在搭好的积木上面进行拼地垫，最后还是没有成功。这时我说："纸有点硬不行，但是它足够大，地垫软可是搭不上。"祎祎这时说："马老师我觉得美工区的桌布可以，桌布大而且软。"然然说："对哦，我们去拿。"于是四个人又一起放在了上面，居然成功了。文文说："你们看这里（中间）是向下的，我们的房顶是平的。"

【课程省思】

在本次区角小项目中，幼儿出于对绘本故事的喜爱和兴趣，提出了一个生动、有趣的问题：保护小鸡蛋。教师抓住契机，以参与者的身份介入幼儿讨论，引导幼儿确认了本次项目的核心问题：如何给小鸡蛋搭房子。

小班幼儿由于身体和心理发展水平的双重限制，对事物的观察和理解都有一定的局限性。因此，有关制作物的外观、形式、所需材料、技术与工具，都需要在后续的活动中展开进一步探索。

在幼儿的搭建活动，往往是无意识、无目的的。但今天由于出现了玩具鸡蛋这个重要线索，激活了幼儿的已有经验，将项目主题延续了下来。在40分钟的搭建活动中，四位幼儿都能够围绕给小鸡蛋搭家进行。

本次活动中，教师并没有全程介入，而是先观察，当幼儿需要老师时才出现。幼儿在第一次搭建中，只用到了围合与平铺。教师观察幼儿的搭建情况，通过语言支架，向幼儿提出了新的挑战："能不能给房子加上窗户？"在受到教师的启发后，幼儿继续搭建，并在摆弄积木的过程中，一边行动、一边思考，探索了新的搭建技能，使用了加宽、连接。

教师在这个项目活动中，通过不断鼓励幼儿分享、向幼儿提供新材料、提出新问题引发幼儿探究等方式，维系项目的存续。教师也会在每次指导与介入中，帮助幼儿梳理经验，支架幼儿进一步的探索活动。

（本案例由北京市朝阳区丽景幼儿园　马颖提供）

小班区域项目活动"衣服湿了怎么办"

【区域目标】

1.在短时间内集中注意力，参与观察、思考、解决保护衣服不被弄湿的问题。

2.在解决问题的过程中，感知身边能接触到的一般材料。

3.在教师的协助下，选择、使用技术和材料。

4.可以思考简单的解决问题的方法，观察实验结果。

5.在项目分享时，要求他人关注自己的发现，通过模仿的方式关注他人的发现。

【参与对象所需时间】5人；20分钟

【区域项目实施过程】

（一）生成问题／任务

设计意图：关注幼儿盥洗卫生习惯，引导幼儿生成问题，引发幼儿的思考。

实施流程简述：

1.引导幼儿关注盥洗时弄湿衣服的现象。

2.与幼儿谈话，鼓励幼儿思考盥洗时保护衣服的方法。

（二）讨论、设计与动手实践

设计意图：引导幼儿联系已有经验，思考并设想盥洗时保护衣服的方法。

实施流程简述：

1. 在谈话中鼓励幼儿发散思维，提出不同的方法，并表达、分享自己的想法。

2. 引导幼儿联系已有经验，收集材料。

（三）展示分享

设计意图：鼓励幼儿展示自己的发现，引导幼儿通过动作模仿的方式关注同伴的发现。在展示与分享的过程中，观察实验结果，思考所选技术与材料的效果。

实施流程简述：

1. 请幼儿操作自己提出的方法。

2. 引导幼儿通过模仿的方式关注他人的发现。

3. 观察实验结果。

【课程纪实】

案例一：衣服湿了怎么办

盥洗过后，宁宁跑过来对我说："老师，我的衣服湿了。"我看了看他湿湿的小肚皮，对他说："快去换件衣服吧，别着凉了。"他走到自己的小柜子面前，拿出书包。我一边帮他换湿衣服，一边说："宁宁，这么漂亮的衣服是怎么湿的呢？"宁宁说："我刚才洗手的时候衣服就湿了。"站在旁边的安安说："你肯定是不小心小肚子贴着洗手池了。"听了安安的话，我便问宁宁："宁宁，是这样吗？你是不是把小肚子贴在洗手池上洗的呀？"他点了点头，对我说："我是靠着台子洗的手，应该就是这样湿的。"

图 7-9　　　　　　　　　　　　　　图 7-10

我都他换好干净的衣服，对他说："这么漂亮的衣服，可得保护好了，怎样才能不弄湿呢？"宁宁看了看我，没有回答我，好像在想些什么。安安说："我的小肚子没有贴在上面，就不会湿了。"我请安安为大家示范一下："你是怎么做的呢？"安安在水池边做出了动作："就是这样，小屁股要撅起来，小肚子离开台子。"我肯定了安安的想法："嗯，这个方法真不错，怪不得你的小衣服总是保护得这么好。"

宁宁说："我忘记不能贴着那个台子了。要是水不流过来，衣服就不会湿了。"我问："宁宁这个想法真不错，那怎样才能不让水流过来呢？"旁边的小朋友说："要是有东西能挡住水就好了。"我赶紧追问他："那我们可以用什么东西挡住水呢？"

大家听了我的话没有说话。宁宁说："可以把毛巾放在那，小毛巾会喝水，把台子上的水喝掉，衣服就不湿了。"我说："这真是个好主意，要不我们去找找没有用的毛巾，看看它们能不能保护小朋友们的小肚皮不湿，好不好？"他笑着对我说，"好。"于是，我们一起去盥洗室找了一些没有用的毛巾，放在了洗手池边上。

当小朋友们再一次去盥洗的时候，果然，小朋友们的衣服都没有湿。宁宁也高兴地跑过来对我说："老师，你看，小毛巾保护了我的衣服。"我看着他干净的衣服对他说："宁宁想的这个办法真是太棒了，保护了咱们班所有小朋友的衣服。"

图 7-11

图 7-12

图 7-13

图 7-14

【课程省思】

教师基于幼儿生活中出现的困难，引发幼儿思考出现问题的原因，了解到自己是因为洗手时台面上的水流到衣服上，所以衣服才会湿。

在了解湿衣服的原因后，教师鼓励幼儿想办法去解决问题。幼儿能够从自己的实际生活出发，大胆思考，尝试用小肚皮不贴着台面和用毛巾挡住水，不让水流到肚子上的方法，保护衣服。在再一次的实践过后，幼儿通过想办法解决了湿衣服的问题，体验了成功的快乐。

（本案例由北京市朝阳区丽景幼儿园　仝菲　张晓飞提供）

小班区域项目活动"我是小小修理师"

【区域目标】

1. 观察墙饰和掉落的穗穗，思考修理墙饰所需的技术或材料。

2. 分组选择合适的材料与同伴合作修理墙饰。

3. 欣赏并比较不同材料修理墙饰的效果，与同伴分享感受。

【参与对象所需时间】5人；30分钟

【区域项目实施过程】

（一）生成问题／任务

设计意图：基于幼儿发现的墙饰掉落的问题，鼓励幼儿克服畏难情绪，引导幼儿萌发依靠自己的能力解决问题的意识。

实施流程简述：

1. 观察墙饰上掉落的穗穗。

2. 讨论并确定修理墙饰的任务。

（二）讨论与设计

设计意图：引导幼儿联系已有经验，思考并分组寻找用于修理墙饰的工具与技术。

实施流程简述：

1. 观察并思考修理墙饰所需的技术。

2. 在教师的协助下梳理修理墙饰所需的材料。

3. 分组收集修理墙饰所需的材料。

（三）动手实践

设计意图：支持幼儿的决策，鼓励幼儿与同伴合作修理墙饰。

实施流程简述：

1. 利用收集到的材料，与同伴合作修理墙饰。

2. 分组欣赏并比较利用不同材料修理墙饰的效果。

（四）展示分享

设计意图：观察、交流、评价，对事情的结果形成客观判断。

实施流程简述：

1. 谈话交流，回顾修理墙饰的过程。

2. 幼儿分享感受。

【课程纪实】

案例一：我是小小修理师

表演区的小朋友们发现，闪亮小舞台上的墙饰掉了很多穗穗。可可捡起一条给大家看："我在表演区的地上捡到了穗穗。"诗语惊讶地说："这个穗穗坏了！"朵朵、涵涵一边捡一边说："还有很多，掉了很多。""我捡到好多。"妞妞没有捡穗穗，默默看了看小朋友们，又看了看墙饰。

图 7-15

　　诗语说："这是不是可可弄得？"可可跑到老师面前说："老师，墙上的穗穗坏了，掉了很多。不是我弄的。"老师说："我知道不是你，最近风比较大，可能是开窗时风吹下来掉了。现在这个墙饰还能修好吗？"大家一起摇头："不行，修不好。"老师问："为什么你们觉得修不好了？有什么困难吗？"涵涵说："我们不知道用什么修啊。"老师引导大家："我们不如先看看这几条穗穗是从哪里掉下来的？"

　　小朋友们围在墙边仔细观察，发现墙饰有几个地方缺了很多穗穗，纷纷猜测地上的穗穗是从这些空缺的地方掉下来的。

　　老师鼓励大家思考："如果我们想修理墙饰，需要怎么做？"可可说："就是，把穗穗接上，就行了。"老师肯定了可可的猜想："对呀，看来还是挺简单的，把穗穗接上，就能修好墙饰了。"

　　诗语立刻有了新想法："我有办法，可以用胶！"五名小朋友都很开心："可以修好啦。"老师追问诗语："胶可以有很多种哦。你觉得可以用什么胶呢？"诗语说："我知道有一种没有颜色的胶。"老师说："是透明胶带吗？"诗语点头："对，是那种透明的。"老师问其他小朋友："你们也想用透明胶带吗？还是想用其他样子的胶？"可可赞同诗语的想法："用透明胶带吧。"涵涵、妞妞和朵朵有不同的想法："我觉得可以用胶钉。"老师说："你们的想法都很好呀，咱们都试试吧，看看哪种方法最好。"

大家一起去美工区找了各种材料。

诗语和可可选择了透明胶带、剪刀。她们用剪刀剪下一段透明胶带，将穗穗拼在断裂处，用透明胶带固定住穗穗。

图 7-16

图 7-17

图 7-18

涵涵、妞妞和朵朵选择了胶钉。她们将穗穗拼在断裂处，用胶钉固定穗穗。但是胶钉粘的穗穗不太结实，因此她们取了一大块胶钉，将穗穗缠在胶钉上固定在墙上。

两组小朋友都修好了墙饰，大家一起分享自己的方法。

诗语说："我用了透明胶带，因为我觉得透明胶带没有颜色，贴好穗穗以后，墙饰就像没坏一样，一点儿都看不出来。"

涵涵说："我们用了胶钉，胶钉能把穗穗粘住。"

老师说："你真厉害，修好了墙饰。"

诗语、可可、涵涵、妞妞都开心地鼓起了掌。

妞妞看了看胶带粘的穗穗，又看了看胶钉粘的穗穗，突然说："我不想用胶钉粘了。我想用胶带粘。"诗语说："可以啊，我们帮你吧。"诗语和可可帮助妞妞用胶带固定住了穗穗。表演区的墙饰终于修好啦！

图 7-19

图 7-20

【课程省思】

在本次活动中，幼儿能够克服最初的畏难心理，勇于尝试，通过观察、思考，尝试与同伴共同解决问题。幼儿通过观察，结合已有经验，使用熟悉的胶类材料修好了墙饰。

教师的支持策略与方法随着幼儿在任务情境中的表现而不断变化。

教师是"聪明的同伴"。当幼儿最初发现穗穗掉下来时，都认为自己没有能力修好。教师充当聪明同伴的角色，与幼儿一起调查、发现、思考，设想如何修理墙饰、用什么材料修理墙饰。

教师是开放资源的提供者。当表演活动因为墙饰而中止时，教师并未一味驱赶孩子做"表演区该做的事"，而是允许幼儿在开放的教室空间中自由选择所需的材料，并随时提供给幼儿支持和赞许。

教师是活动流程的同行者。教师始终用问题引导的方式，支架幼儿的思考，陪伴幼儿共同解决问题，鼓励幼儿坚持、合作，最终实现目标。

资源开放不仅指教室中所有的物品资源（如幼儿使用的透明胶带、剪刀、胶钉等），还指活动资源开放与教室空间资源开放。幼儿在表演区发现问题并期待解决时，教师提供了开放活动资源的机会，允许表演区的幼儿中止表演，投入修理墙饰的任务情境中。当幼儿在修理墙饰的过程中需要材料时，教师鼓励他们自由地选择教室中的各种工具。

（本案例由北京市朝阳区丽景幼儿园　盛朝琪提供）

第二节　STEAM 教育理念下的中班区域项目活动设计与实施案例

中班区域项目活动"制作摘柿子'神器'"

【区域目标】

1. 根据对柿子树特性和材料特性的认识设计摘柿子工具。

2. 选择合适的材料动手制作工具并根据摘柿子的实际情况改进工具。

3. 完成摘柿子的项目任务，在项目过程中发现问题，通过协商解决问题。

4. 在制作工具、改进工具，摘柿子过程中开动脑筋想出各种办法。

5. 在项目开展过程中与同伴协商，配合。

【参与对象所需时间】每组 6 人；一周

【区域项目实施过程】

（一）生成问题 / 任务

设计意图：引导幼儿生成问题，激发幼儿解决问题的现实需要，为项目实施奠定基础。

实施流程简述：

1. 观察柿子树。

2. 思考摘柿子的方法。

3. 初步验证摘柿子方法的可行性。

4. 确定摘柿子的任务。

（二）讨论与设计

设计意图：引导幼儿结合自己的实际生活经验设计摘柿子工具，通过介绍工具的设计思路和功能，梳理自己需要的材料，为接下来真正的制作打下基础。

实施流程简述：

1. 思考摘柿子工具的制作方法，并分组。

2. 绘制工具制作图。

3. 寻找制作工具的材料。

（三）动手实践

设计意图：通过制作和改进摘柿子工具，引导幼儿习得其中蕴含的数学、科学、艺术等学科经验，并在尝试过程中养成失败后不能放弃的品质，体会成功的成就感，知道合作力量大。

实施流程简述：

1. 分组制作摘柿子工具。

2. 在制作过程中发现问题、解决问题，完成摘柿子工具。

3. 试用摘柿子工具，思考工具中存在的问题，并尝试优化工具。

（四）展示分享

设计意图：通过回顾环节帮助幼儿梳理和统合经验，在分享中对幼儿进行感恩教育。

实施流程简述：

1. 观看摘柿子视频，回顾制作摘柿子工具的过程。

2. 思考并分享自己的收获。

【课程纪实】

案例一：制作摘柿子工具

第一组幼儿经过讨论设计出一个杆子，杆子两端分别是小刀和钩子，孩子们说："这样可以先切一下，然后钩下来。"我问："可是小刀在下面有点危险，可以改进一下吗？"于是孩子们经过讨论把小刀和钩子放在杆子的一端。第二组和第三组居然不约而同地设计了一样的杆子——杆子上面有一根绳子，绳子那一端拴住石头，一悠绳子就钩住柿子，再一拉柿子就掉了，孩子们还介绍说，绳子应该是可以调节长短的，这样个子矮的弟弟妹妹摘柿子的时候就可以把绳子放长。第四组决定做一个滑轮一样的工具，这样就可以像钓鱼一样钓柿子了。

开始制作工具了。很快，绳子组的孩子们发现，他们寻找到的棍子不够长，于是他们选择拼接。可是用胶带缠好总是摇晃。我问他们："怎么办呢？"孩子们说："我们可以一起扶住，缠紧一些。"于是，一个幼儿扶住棍子两头，一个缠绕得紧一些，衔接点长一些。到了连接绳子的时候，我问："你认为多长的绳子合适，为什么？"瑞瑞比了一下，说："因为棍子已经到了上面的电风扇，所以够了。"而另外一组没有接棍子，直接用了一根长的绳子，将长绳子缠绕到短棍子上，用透明胶固定。钩子组在教师帮助下用绳子进行缠绕，并扶住棍子，让教师固定小刀。就这样，三组按照设计做好工具，滑轮组由于不会安装放弃了自己的设计。

图 7-21　　　　　　　　　　　　图 7-22

案例二：摘柿子的工具有什么问题?

镜头一：第一次尝试摘柿子

来到户外，我们开始第一次尝试摘柿子的活动。短绳子组孩子们发现棍子太短了，但是老师可以够下来。长绳子的幼儿经过尝试发现，绳子太长了，总是缠绕到自己身上，所以这个工具不行。钩子组的棍子也不够长，于是，我们想到一个办法——借助梯子，老师找来梯子。孩子们登上梯子，可是总够不下来。这时我问："应该钩哪里？"有孩子回答我："应该钩长出来的把儿。"奇迹出现了，我们居然摘下一个柿子，孩子们欢呼雀跃。

可是，很快我们就发现，柿子掉地上都摔坏了。我问："柿子摔烂了，怎么办？"这时，当当说："我们可以做一个兜子，放在钩子外面，兜住柿子，这样保护柿子。"我提出问题："有小朋友提出，我们可以做一个帽子一样的兜子。放在棍子上。具体放在哪呢？"依依回答我："放在钩子下面，直接就接住了。"这时小马问："对不准怎么办？"西西回答他："先把柿子套进去，对准再往下钩，我们还可以把钩子放在兜子里面呀。"

不仅如此，孩子们还发现，杆子不够硬，并提出可以换粗的棍子。

镜头二：制作兜子

制作兜子之前，教师和幼儿进行简单回顾。我们再次梳理了柿子掉下来摔烂了和杆子不够硬的问题。孩子们通过讨论，想到的解决办法是：钩子下面做一个兜子，用上玉玉妈妈准备的可伸缩钓鱼竿当杆子。于是我们开始制作兜子，经过一人手握细网，一人缝的方式，很快兜子就缝好了，可是袋子口很小，很软。怎么办呢？孩子们提出："我们可以用毛根把兜子口撑起开，或者把兜子底下撑起来，这样口自然就开了。"于是孩子们开始尝试，并请教师帮助他们用热熔胶固定，很快兜子做好了。还有幼儿直接拿一个小桶固定在钩子下面。

图 7-23

图 7-24

镜头三：改进兜子

来到户外，幼儿进行摘柿子，但是柿子并没有像预想的那样掉入兜子里。教师问："发生什么事情了？"安安说："柿子都进不了兜子。"泽泽说："而且我们把叶子扯下来了，没有保护小树。"于是教师提问："网兜进不去是什么原因呀？"悠悠回答："网兜太小了，兜子的口应该再硬一点。"拓拓说："如果兜子的口能系住就好了，柿子就掉不出去了。"他的想法得到孩子们一致认同。

回班之后孩子们迫不及待地改进兜子，他们在原来兜子的基础上，缝制一个更大的兜子，并且在兜口加固一层鱼线，这样可以抽拉的升级版兜子就做好了。之后我们一起来到户外，两个幼儿负责撑杆，一个幼儿拉绳子，柿子果然掉入了兜子里，孩子们欢呼雀跃起来。

【课程省思】

本次项目活动来源于幼儿身边的问题，幼儿能够从自己的实际生活出发，发挥想象力和创造力设计摘柿子工具。幼儿能够合作在区域制作摘柿子工具，在过程中遇到问题，通过一定的动作配合去解决拼接、缠绕等问题。在这个过程中幼儿感知柿子树的高度和活动室中较高的电风扇做类比，教师没有否定幼儿的想法，准备让幼儿进行尝试去积累经验。

教师通过引导和提问，让幼儿发现工具中隐含的危险，并给予幼儿讨论的时间和空间，幼儿在讨论过程中充分发挥创造力，合作进行设计。

经过一次失败的尝试，孩子们积累经验，他们知道兜子的口太小，太软都是失败的原因。他们积极想办法，迁移原有经验，提出自己的意见，通过讨论，他们决定做一个大一点的兜子，并且能够通过抽拉系住兜口，完成摘柿子的任务。在摘柿子的任务中，积极合作共同操作工具，成功解决问题。

本次项目活动的分享总结阶段是通过视频回顾和讨论的方式完成的，在回顾中培养幼儿自信心，让幼儿充分体会到努力之后成功的成就感。更重要的是这样的讨论可以帮助幼儿梳理总结项目中获得的经验，在过程中，教师了解幼儿项目中的获得，从而进行反思。还有，我们将摘到的柿子分享出去，对幼儿进行感恩教育，培养他们好的品质。

（本案例由北京市朝阳区丽景幼儿园　卫德玉　安丽娜提供）

中班区域项目活动"奇妙的扎染"

【区域目标】

1. 感受扎染带来的艺术美，萌发对中国民间艺术的喜爱。

2. 在扎染过程中遇到困难能够尝试自己解决或与同伴合作。

3. 通过多种折叠、捆扎方式感知扎染与图案之间的关系。

4. 在原有扎染作品基础上进行简单的剪切、折叠等方式创造出扎染作品的多元化。

【参与对象所需时间】每组 4 人；一周

【区域项目实施过程】

（一）生成问题 / 任务

设计意图：为幼儿提供关于扎染的作品以及图片，丰富幼儿的前期经验，创设做衣服、做发卡的任务情境，引发幼儿利用扎染的方法大胆创作。

实施流程简述：

1. 观赏扎染制作过程和欣赏扎染作品。

2. 认识扎染的材料和使用方法。

3. 思考自己想用的扎染方式。

（二）讨论与设计

设计意图：引导幼儿用所学过的知识尝试设计出有规律的图案，教师提供草稿材料，幼儿可以进行绘画设计和创作。

实施流程简述：

1. 与同伴之间相互讨论自己想要制作的花纹以及图案。

2. 利用提问引领幼儿去发现不同的方式可以变化不同的图案。

（三）动手实践

设计意图：通过不同方式的"捆""绑""扎"引导幼儿获得其中蕴含的艺术、数学、科学等学科经验，并在扎染过程中鼓励幼儿遇到困难尝试自己与同伴之间解决的学习品质，获得美的艺术感受。

实施流程简述：

1. 小组体验扎染，分享自己在扎染过程中的经验。

2. 教师鼓励幼儿用不同扎染方法并在不断尝试中总结经验。

（四）展示分享

设计意图：鼓励幼儿将扎染的作品进行展示，并为其他小朋友讲解自己的操作方法，以及做到经验共享的目的。

实施流程简述：

1. 思考并分享自己多元化作品。

2. 教师创设扎染博物馆。

【课程纪实】

案例一：奇妙的扎染

镜头一：合作扎皮筋

美工区里，睿睿和嫣嫣自主选择扎染材料，睿睿说："我会用皮筋，我想用皮筋扎。"嫣嫣说："我也想用皮筋扎，但是我扎不紧怎么办呢？"睿睿拿起布和皮筋示范给嫣嫣："就像梳小辫一样，一个手拿着白布，另外一个手多绕几圈皮筋就紧了。"说着两个小朋友一起开始用皮筋捆绑白布，嫣嫣说："还是有点不紧，你能帮助我一下吗？"睿睿接过白布帮助嫣嫣多绕了三圈扎紧了。

图 7-25

镜头二：进行扎染创作

嫣嫣用一根皮筋捆绑了一块布，用皮筋作为隔断分别挤上了红、黄两种颜色，打开之后嫣嫣说："睿睿快看！我的真好看！"睿睿说："你的只有两种颜色，我要多绑几个皮筋，就会出现很多颜色了。"说完睿睿又连续绑了两个皮筋，把布分成了四段，分别挤上了红色、蓝色、粉色、黄色，打开之后出现四种颜色并展示给嫣嫣看："看我的！漂亮吧！这么多颜色！"嫣嫣对睿睿说："我也想要三个皮筋的，你帮我扎紧可以吗？"睿睿接过妈妈的布捆了三个皮筋，妈妈挤上了四种颜色打开后也开心不已。

睿睿和妈妈相互看着自己的作品，睿睿说："你的条纹有的粗有的细，我的都一样，我的看起来整齐。"两个小朋友相互对比看着，经过对比妈妈说："我们两个皮筋之间的距离不一样，所以条纹的粗细也不一样。"

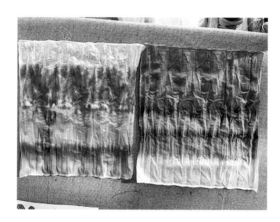

图 7-26

睿睿问我："老师，还有什么方法可以做出更好看的花纹呢？"我微笑着鼓励睿睿："你可以把你学过的知识运用到这块布上，比如像剪纸那样，你可以大胆试一试。"睿睿说："我想把布折成三角形。"妈妈说："我想从中间拎起来再扎皮筋。"说着两个小朋友开始捆扎皮筋。分别挤上了多种颜色。打开布后睿睿说："哇！图案都不一样了！"妈妈说："我这个变成了太阳！"我说："为什么大家染出来的图案不一样？"妈妈说："因为睿睿是叠的，我没有叠。"我说："那怎样才能扎染出好看的图案呢？"睿睿说："在做之前要先想好怎么叠才行。"

案例二：制作创意扎染作品

镜头一：剪贴扎染作品

扎染的作品展示在美工区，菡菡、铭铭在互相介绍自己的作品，分享制作方法。老师说："这块漂亮的布还有其他展示的方法吗？"菡菡问我："我可以用剪子把我的作品剪了吗？""为什么要剪掉呢？"老师显得有些疑惑。菡菡说："我想剪成花朵的形状，贴在纸上。"我肯定菡菡的想法："当然可以，你的想法真好，你可以试试。"菡菡用画笔在扎染布上画了一朵小花，用剪子按照线条剪了下来，背面涂上胶粘在了纸的正中间并告诉老师："我的小花完成了！"铭铭对菡菡说："你这里只有一朵小花呀，太少啦。"菡菡拿起剪子："我再多剪几朵花吧。"我问菡菡："有花朵的地方还可以有什么呢？"菡菡说："有蝴蝶，还有小草，可是我这块扎染布上没有绿色呀？"旁边在扎染的铭铭说："我昨天扎染的作品有绿色，可以给你用用。"菡菡连连点头："太好了，谢谢铭铭！"铭铭帮助菡菡取下作品，他们两位小朋友一同绘画剪贴小草，作品完成了。

图 7-27

图 7-28

镜头二：折叠扎染作品

铭铭说："我想把布当成纸折起来。"我问："你想折成什么呢？"铭铭说："我想折扇子。"说着将布平铺在桌子上，铭铭折一下翻一次，折到第二次发现布自己打开了，铭铭问老师："纸能折上，布怎么折不上啊？老是散开。"菡菡说："布是软软的，压不出印。"我向菡菡点点头："你可以找找需要的工具。"铭铭在工具区看到了胶棒，铭铭拿着胶棒粘在布中间，粘一下折一下，折到中间部分后布散开了，铭铭拿着布找到我："老师，这怎么又开了？"菡菡听到了翻翻找找看到了双面胶，告诉铭铭："这个双面胶最黏了！"最后铭铭捏着中间部位向菡菡展示自己即将要完成的扇子。

铭铭说："这样好像蝴蝶结呀。"菡菡说："老师，蝴蝶结可以做发卡吗？"我冲着菡菡点点头："你要经过铭铭的同意啊。"铭铭同意菡菡制作发卡，表明他们两个一起完成，菡菡在工具柜找到了拱形发卡，跟铭铭商量着如何摆放会更好看，用什么胶才能粘住。他们两个最终完成了发卡制作，吸引来很多小女孩，轮流戴在头发上，特别开心。

【课程省思】

教师在提供扎染材料时，考虑到安全性、层次性、创意性三大特征，从而促使幼儿对美的感受力，表现力及创造力的提升。为此教师提供充足的工具，幼儿根据自己的需求寻找适宜的工具，教师鼓励幼儿大胆尝试，与同伴交流寻找更好的方法解决出现的问题。

在动手操作环节，幼儿自主发挥想象力用多个皮筋进行捆扎发现了皮筋数量与图案之间的关系。在遇到困难时与同伴共同合作，掌握捆扎皮筋的方法，最后打开作品的刹那间获得满满的成就感和对中国民间艺术扎染美的感受，激发出幼儿想要再次制作扎染的兴趣。在幼儿相互欣赏作品中能够根据扎染出来的画面分析出自己与他人的不同之处，从而了解捆扎方式、折叠方式与最后作品的图案有着很大的关系。

为了更好地进行艺术探索与创造，为了丰富幼儿展示作品的经验，引导利用扎染好的作品进行改变，用另外一种形式创作表现。在活动中教师以旁观者的身份观察幼儿扎染过程，当幼儿遇到问题时用简短的提问逐步启发幼儿的想法，鼓励幼儿大胆猜测与尝试，通过交流与分享支持幼儿获得经验，提升了幼儿解决问题的能力，重视他们的创造性表达。

（本案例由北京市朝阳区丽景幼儿园　王岩　杨红如提供）

中班区域项目活动"破冰"

【区域目标】

1. 在室外寻找适宜的位置，冻制冰花。

2. 运用猜想、验证的方式进行破冰取物，养成科学探究的习惯。

3. 能够根据猜想，主动寻找适宜的破冰材料，进行破冰活动。

4. 在项目实施过程中对探究破冰的方法感兴趣，感受到科学探究的乐趣。

【参与对象所需时间】每组 10 人；一周

【区域项目实施过程】

（一）生成问题 / 任务

设计意图：本项目的实施源于四季变化中冬季的寒冷和水的特性等特点，进行冻冰花和破冰的活动。

实施流程简述：

1. 了解冬季特点。

2. 对水变冰的现象进行观察。

（二）讨论与设计

设计意图：给予幼儿以环境支持，提供了丰富的冰花图片，让幼儿对进行冻制冰花产生了兴趣。后续支持幼儿在室外冻冰花。

实施流程简述：

1. 准备制作冰花材料。

2. 进行分组制作冰花。

（三）动手实践

设计意图：通过本项目的实施，让幼儿自己寻找取出冰花内物体的方法。通过教师引导和同伴讨论的方法，寻找解决问题的方法。提高幼儿运用科学的思维方式解决问题的能力。

实施流程简述：

1. 幼儿猜测如何从冰中将物体取出。

2. 与同伴讨论方法。

3. 尝试用自己的方法进行取出。

（四）展示分享

设计意图：通过冰中取物，幼儿以实物拿出后与同伴分享，用剩余的冰花再次尝试。

实施流程简述：

1. 实物观赏，同伴分享。

2. 照片形式进行观看同伴之间回顾破冰过程。

【课程纪实】

案例一：怎么取冰中物？

为了能够顺利地取出冰花里的照片，孩子们积极开动脑筋，说出了自己的想法。

幼儿A大声说："用锤子把冰凿开，我看见大人用锤子凿过石头，这个办法一定没问题。"幼儿B想一想说："凿太费劲儿了，我觉得可以放在太阳底下把冰晒化。"

幼儿 C："我觉得咱们可以往冰里倒些热水，一会儿冰就会化了。"

幼儿 D 笑嘻嘻地说："我刚才用舌头舔的，上面就留下一点水，我想用舌头肯定能舔化。"幼儿 E 笃定地说："我用手能把冰焐化。"

幼儿 F 不屑地说："不用那么费劲儿，直接放暖气上，烤烤不就化了吗？"

幼儿 G 说："放在教室也能化，看看纸杯里的冰，现在已经开始化了"

……

一千个孩子就有一千个哈姆雷特，孩子们大胆地表达着自己的想法。

为了便于自己采取行动取出冰花里的照片，孩子根据自己的猜想，绘制自己想要使用的工具和方法。

有的孩子画了一张桌子旁边坐了一个小朋友，桌子上面放置着冻冰花的纸杯，他要静静地等着冰花融化。

图 7-29

有的画了一个铃铛，孩子说把冰花罩在铃铛里，冰花很快就会融化了。

有的小朋友画了个大扇子，说使劲儿地扇风，冰就会化掉。

有的小朋友画了个有尖的锤子，说是用锤子把冰敲碎。

有的在画面上绘制了一个太阳，表达放在太阳底下把冰晒化的想法。

有的小朋友夸张地绘制出舌头，说是要用舌头把冰舔化。

案例二：破冰行动开始了

老师根据孩子的想法，在充分尊重幼儿猜想的前提下，让幼儿根据自己的猜想寻找工具或者方法，尝试破冰取物。

"孩子们，是时候采取行动了。希望你能按照自己预想的那样去尝试，祝你们成功。破冰行动，马上开始。"听到老师说可以根据自己的猜想采取行动了，孩子们立刻离开座位，根据自己的预想去破冰。

在用自己的想法去实践的时候，孩子们发现班里并没有锤子，有小朋友提议可以用积木来代替锤子，有的说可以去传达室维修师傅那里去借锤子。于是几个小朋友忙不迭地跑到建筑区，寻找到大块积木代替锤子。有的小朋友在老师的带领下成功地借到了锤子。拿积木的孩子在自己的冰花一侧拍打，但是没有任何变化，旁边的小朋友说："你得把冰放桌子上，然后使劲儿砸，拎起来砸用不上劲儿，像我这样……"于是给小朋友示范起来，把冰放在桌子上，人站在桌子后面，举起积木狠狠地往冰上砸去，三下两下，就砸掉一块冰碴儿。他抓起冰碴儿兴奋地说："看到了吧，就这样。"

图 7-30　　　　　　　　　图 7-31

用锤子砸冰的小朋友，听从老师的建议，远离小朋友的活动室，在睡眠室人少的地方进行破冰。孩子拿着锤子，小心地一下一下地敲击冰面，很快冰就从一个大冰块裂成了几块冰。

计划用太阳晒化的孩子一直坐在窗前，盯着自己的冰块；计划用手焐化的几个孩子，时不时伸手去摸摸冰块，然后咯咯咯地笑起来，原来是冰太凉了，都不太敢长时间焐，不时甩甩手上的水；计划用温水的小朋友，从容地来到盥洗室，打开温水，冲击冰花，浸泡在温水中的冰块慢慢变小；计划用舌头舔的小朋友真的用舌头舔起了冰块，从安全和卫生的角度考虑，老师提示他可以用焐的方式进行尝试，和舔的效果基本一致。小朋友很执着，焐一会儿，舔一会儿……

孩子们用自己预想的方式进行实践。成功取出照片的小朋友能够向他人分享自己的经验；没成功的小朋友，也尝试向他人学习，经过大家的共同努力"破冰"成功，一张张照片被取了出来。

【课程省思】

本游戏是依托季节特点、遵循中班幼儿学习特点和学习兴趣点，进行的科学探索活动。在游戏过程中帮助幼儿形成科学的思维方式，让幼儿能够在游戏前，记录自己的猜想，游戏中能够按照自己的猜想去付诸行动，在游戏后对自己的游戏过程进行记录，验证是否达到了自己当时预想的结果。通过这种方式让幼儿尝试按照自己的计划去落实行动。

在游戏开始前，教师创设问题情境引发幼儿思考，并且把主动权交给幼儿，让幼儿用自己喜欢的方式记录下自己的思考。幼儿游戏过程中，发现有的孩子砸不开自己的冰块，教师尝试运用等待的方式观察幼儿，不急于追求结果，而是给幼儿一定的时间，让幼儿寻找适合的方法。幼儿尝试自己敲击，无果后，再看周围小朋友是如何进行操作的，从别的小朋友那里获得了方法，用积木的尖去敲击冰块。有的小朋友快速取出照片后，老师提示他可以帮助一些有困难的小朋友。

幼儿对于破冰游戏非常感兴趣，活动中能够按照自己的预期设想进行操作，寻找自己计划中使用的工具，每个小朋友的目的性都特别强，并且克服了取照片中出现的困难。在操作过程中，不仅提高了幼儿的执行能力，同时也形成了初步合作意识和愿意帮助他人的愿望，在帮助他人的过程中获得愉快的情绪体验。

在接下来的活动和游戏中，根据幼儿对于冰中取物活动的兴趣浓厚，鼓励小朋友自己再冻制一些冰花，并且寻找一些自己感兴趣的事物放置在里面，然后探索用其他的方式把物品取出。同时发现幼儿对于冰滑滑的特性比较感兴趣，可以让孩子寻找生活中哪些物品是滑滑的并且记录下来。提高幼儿进行科学探索游戏的兴趣，支持幼儿的想法。

（本案例由北京市朝阳区丽景幼儿园　崔悦提供）

第三节　STEAM 教育理念下的大班区域项目活动设计与实施案例

大班区域项目活动"我爱北京天安门（建筑区）"

【区域目标】

1. 了解天安门的结构特征，运用排列、组合、连接、架空等技能，搭建天安门。

2. 在搭建过程够能利用观察、比较、验证等方式发现问题并解决问题。

3. 掌握积木间比例与替换数量，能够将二维空间设计图转换到三维空间。

4. 小组之间能够积极协商，体验与同伴合作游戏的快乐。

【参与对象所需时间】5 人；20 天

【区域项目实施过程】

（一）生成问题 / 任务

设计意图：引导幼儿观察天安门的外形结构，激发幼儿在教室里搭建出天安门的愿望。

实施流程简述：

1. 铺垫前期经验：集体活动和幼儿一起画天安门。

2. 观察天安门模型的外形特征。

3. 形成兴趣小组一起搭建天安门。

4. 小组初步协商如何搭建天安门。

（二）讨论与设计

设计意图：帮助幼儿一起梳理搭建天安门的思路，并选择合适的材料进行搭建。

实施流程简述：

1. 和幼儿一起讨论在哪里搭建，完成搭建设计图。

2. 讨论搭建天安门所需要的材料。

3. 分层进行搭建，确定每一层搭建的比例。

4. 讨论天安门细节呈现，如何搭建得更像（小神兽、国旗、围栏后面的大门）。

（三）动手实践

设计意图：幼儿在搭建的过程中，掌握组合、连接、架空等基础方法，并在搭建的过程中不断发现问题，解决问题。

实施流程简述：

1. 根据模型搭建天安门的城台和城楼。

2. 在搭建过程中能够选择合适的材料。

3. 在搭建过程中发现问题能够及时调整。

（四）展示分享

设计意图：幼儿通过分享自己的搭建作品及搭建步骤，不仅有利于发展幼儿的语言表达能力，也有利于梳理幼儿操作的经验，帮助幼儿反思经验与迁移经验。

实施流程简述：

1. 教师将幼儿搭建的精彩瞬间打印出来贴在建筑区墙面上。

2. 小组幼儿和全班一起介绍搭出来的天安门，主要从天安门的外形特征、搭建过程两方面进行介绍。

3. 和幼儿一起制作宣传海报，邀请更多的幼儿来班里参观天安门。

【课程纪实】

案例一：七嘴八舌下话搭建

为了帮助幼儿更好地了解天安门的建筑，教师为幼儿提供了一个小型天安门模型，以便于幼儿更好的观察。那么如何搭建天安门—用什么材料—搭在哪里，我们开始了一系列的讨论。

朵朵：我们得搭三层，底下的一层最大，最上面比较小一些。

琪琪：我觉得我们可以搭在柜子旁边，这样拿积木就会很方便。

激激：那不行啊，这样拿积木很容易碰倒。

教师：你说得很对，那哪个地方既有利于我们取放积木，又有利于方便我们搭建，而且又不用每天拆积木，方便我们持续搭建呢？

思雨：那要不我们搭在睡眠室中间，我们中午睡觉的小床摆在四周不就好了。

教师：那我们需要什么样的材料呢？

朵朵：我们得用很多长方体当柱子，还有半圆形的积木当门洞。

琪琪：我们还可以用拱形的积木当天安门的桥。

教师：那房顶呢？哪一种材料可以表示出楼顶上的瓦片呢？

等等：用三角形积木可不可以，它那个斜边可以表示瓦片。

教师：你们可以试一试。

案例二：老师！大门长在了墙外面！

在搭建完龙骨以后，孩子们开始搭天安门的五个大门，在搭建大门的过程中，由于幼儿已经有前期的绘画经验，知道中间的门最大，两边的门最小。于是孩子们纷纷尝试搭建大门，在搭建大门的过程中，孩子们尝试在中间的柱子上加上一个小正方形（可以和长方形柱子相契合），经过探索发现旁边两个柱子上加上二分之一个小正方，这样就体现出中间高，两边最矮。搭建完门以后幼儿开始搭建一层下面的城墙，幼儿首先选择了长条的长方形积木摆在一起，然后再用相同的积木进行封顶，但是在封顶的过程中幼儿发现在门洞上的半圆形上很难严丝合缝地封顶，并且很不平，于是幼儿开始选择在城门下面开始建构城台。

朵朵拿着天安门的模型说："老师，这个门应该在城墙里呀，这样它才平，就能在第二层进行搭建。"

琪琪：老师，大门长在了墙外面好奇怪！

教师：这可怎么办呢，那现在有什么办法可以把门放在城墙里呢，需要什么样子的积木可以让它的上方变平？

图 7-32   图 7-33

等等：我们得需要那种下面是半圆形，上面是平平的那种积木，就像拱桥一样。

教师：你的想法很棒，那你们去找一找建筑区里有没有这样的积木。

经过幼儿的寻找，幼儿并没有发现有和半圆形积木匹配的拱形积木。

这时思雨说：我们要不用纸盒子做一个和这种半圆积木匹配的拱形不就好了。

等等：可是纸盒子很容易就塌了，它也不稳啊。

教师提供了一些小型的拱形积木并和大家讨论：那用这样的积木搭建门洞可以吗？

思雨说：可以可以，这样就平了！

朵朵：可是这个太小了，跟咱们搭的城墙不匹配了。

等等：那可以把咱们的城墙改小不就好了。

于是，几个人按照小型的拱形积木大小重新设计城楼的比例。

案例三：搭"金水桥"的积木没有了！

天安门搭建好以后，教师引导幼儿可以观察天安门周边还有什么哪些建筑，幼儿发现天安门旁边还有金水桥。通过观察图片，幼儿发现天安门前门有 5 座金水桥。于是幼儿用 5 块方形小木块在大门铺成小路的形状当作桥。

图 7-34

这时，我拿着金水桥的照片请幼儿观察，问小朋友咱们搭的金水桥和照片上的金水桥有什么不一样？

朵朵：我们搭的好像是路，不像是桥。

等等：对，这应该是拱桥。

教师：拱桥上还有什么？

幼儿纷纷回应还有楼梯呢，于是我请幼儿继续尝试。

朵朵拿来了拱形积木当桥，用长方形的方砖搭建楼梯，在搭建楼梯时，我提出问题："楼梯有什么特点，是一层……"

琪琪：是一层比一层高。这个桥应该是中间最高。

教师：可是怎么体现一层比一层高呢？

幼儿：第一层 1 个，第二层就得搭 2 个，第三就得搭 3 个。

于是我请幼儿进行尝试，于是幼儿用层层叠高的方式搭建了4座桥，发现在搭最后一座桥时没有积木了。这可怎么办呢？

这时等等说要不我们去大三班借吧！

教师：当然可以，但是你们要想想借多少块。

于是他们一起数：第一层一块，第二层2块，第三层3块，最高处有4块，然后开始下坡……

我们一起数完发现一座桥需要16块积木，于是我们把需要借的东西和数量画下来，一起去大三班借积木。最终经过大家的努力，我们的天安门终于搭建成功。

图7-35

【课程省思】

在20天的搭建活动中，幼儿能够专注投入到项目活动中，任务意识较强，可以看出幼儿对搭建天安门充满了兴趣，在搭建过程中，小组通过一起协商合作不断发现搭建中出现的问题并积极解决问题。案例中描写的只是部分问题，其实在搭建过程中，幼儿发现地下应该是空心的，因为得从前门进，后门出，于是重新调整了自己的建筑；在搭建屋顶的过程中，幼儿尝试不同的斜坡材料，确保能够表现出适合的坡度作为琉璃瓦，具有一定的探究以及挑战精神。在整个搭建过程中，幼儿能够选择不同的积木进行组合搭建，利用排列、组合、架空等方式进行综合搭建，并且能够发挥想象力充分表现细节，例如用一个长方形放在一个圆柱上面表示国旗等，在搭建金水桥确定所需积木的时候，幼儿能够发现每层楼梯间的数量关系并进行简单的计算，在最后搭建完，幼儿十分想让别的班的幼儿来参观，可见搭建成功后幼儿十分具有成就感。

教师在搭建过程中为幼儿提供了天安门模型，帮助幼儿更好地从平面图形转化为立体搭建物。其次通过不断追问，引导幼儿能够发现问题并想出多元的答案。在活动开始商量搭建哪里如何搭建时，教师是幼儿的支持者，充分鼓励幼儿的想法，在幼儿搭建遇到困难自己难以解决时，教师则是引导者，通过提供材料供幼儿多种尝试引发幼儿寻找解决问题的办法。从材料的选择来看，建筑区里有各种类型的积木，教师则需引导幼儿发现积木之间的关系，激发幼儿进行创造性的搭建。

（本案例由北京市朝阳区丽景幼儿园 蒋华青提供）

大班区域活动"蘑菇大作战"

【区域目标】

1. 通过了解蘑菇的生长环境、蘑菇的特质，学习植物生长、繁殖的相关知识。

2. 完成搭建大棚的工程，能够在此过程中发挥创造力，运用测量、记录等科学探究技能，养成良好的科学探究习惯。

3. 能够在项目发现问题，并通过合作协商解决问题，体验工程完成的成就感。

4.在项目过程中对于种植活动的兴趣，感受种植活动的有趣。

【参与对象所需时间】每组 6 人；15 天

【区域项目实施过程】

（一）生成问题／任务

设计意图：

本项目实施在于让幼儿根据原有经验和兴趣选择接下来自然角种植的植物，丰富幼儿对于植物生长环境，外形特征，生长周期等经验。

实施流程简述：

1.讨论想在自然角种植的植物、微生物。

2.调查植物生长所需的环境。

3.分享调查，确定种植的微生物——蘑菇。

4.了解蘑菇生长条件，确定搭建大棚的项目任务。

（二）讨论与设计

设计意图：

本阶段项目分为两个，主要由对材料的认识、选择以及对大棚的设计组成。通过本阶段项目实施，为幼儿搭建大棚提供前期经验，提升幼儿的选择计划性和合作能力、创造力。

实施流程简述：

1.认识、选择适宜的材料。

2.绘制大棚的设计图。

（三）动手实践

设计意图：

本阶段是项目和核心阶段，在项目实施过程中，主要通过搭建大棚骨架、搭建大棚塑料布、为大棚做门三个项目提升幼儿创造力，把想象变成现实，在过程中发现问题，动脑解决问题。在小组活动中提升幼儿合作能力，在组内坚持自己的思考和立场，想办法说服同伴。

实施流程简述：

1. 搭建和调整大棚骨架。

2. 搭建大棚塑料布。

3. 为大棚做门。

（四）展示分享

设计意图：

本阶段是项目的总结阶段。在此阶段，教师通过幼儿喜欢的形式进行项目的总结分享，统合幼儿的经验。

实施流程简述：

1. 回顾与讨论：说一说你有什么感受？你印象最深的事是什么？

2. 制作搭建大棚手册。

【课程纪实】

案例一：如何搭建大棚骨架？

搭建大棚的第一部分是搭建大棚的骨架。按照确定好的尺寸开始测量、裁剪细铁丝，裁剪好后开始拼接，经过操作，孩子们发现桃心形状的骨架塑形困难，且有一个尖，很不安全。于是我们更换成半圆形的骨架。我们开始分组尝试固定，透明胶组、毛根组和橡皮泥组分组动手尝试。这时候问题出现了：不管怎么试铁丝都不能固定在一起，怎么办呢？孩子们犯了难。"那我们可以怎么办呢？"我抛出一个问题。孩子们开始激烈讨论：我们可以把瓶盖穿个孔，把铁丝穿进去就可以固定了。或者用这个架子（PVC管子）穿孔就行了……根据孩子们的建议，教师帮忙穿孔，我们开始尝试。后来发现瓶盖太轻了，不能起到很好的固定作用，所以我们通过商量得出结论：瓶盖不是最合适的材料。

图 7-36　　　　　　　　图 7-37　　　　　　　　图 7-38

PVC管子组的幼儿有了新发现——PVC管可以将大棚骨架固定，可是还是不牢固，容易出现前后晃动。我用手轻轻推了推铁丝，大棚居然倒了。然后我问孩子们："这么不牢固的大棚种不了蘑菇，你们有什么好办法解决么？"弟弟举手回答："老师，您可以用胶枪帮我们把它定住。"我随即热好胶枪，请小朋友帮我扶住骨架，我们共同进行加固。加固之后果然好多了，只有轻微颤动呢！"咱们还有办法让大棚骨架站得更牢吗？"我边说边拿来了一些小筐。彤彤说："我有办法，我们在大棚的每个角都固定一个筐就更稳固了吗？"我笑了笑没有回答，而是拿出毛根把两个筐固定在一起。我的这个动作启发了孩子们，他们争先恐后地回答："我知道了！把筐连在一起更结实！"说干就干，很快九个筐被孩子们合作连成 3×3 的框架，再把框架四个角和大棚四个角连在一起，大棚骨架结结实实地站在地上，孩子们兴奋的欢呼雀跃。

图 7-39　　　　　　　　　　　图 7-40

案例二：怎么固定塑料布？

拿到塑料布，孩子们立刻开始往骨架上套，很快他们发现，塑料布太大了，直接套上去根本行不通，必须得进行裁剪。可是，大棚是弯弯的形状，那我们怎么根据大棚尺寸确定塑料布的尺寸呢？孩子们将上次绳子测量的经验迁移到这里，一个小朋友拉着绳子，两个扶住骨架，很快得到了想要的"数据"，用记号笔进行标识和裁剪，得到了适合大棚顶子尺寸的塑料布。大棚前后面的塑料布尺寸，孩子们采取直接比对用黑笔勾画标记的方式，很快就裁剪好大棚的塑料布用透明胶进行粘贴，固定在大棚骨架上，他们把前面从中间剪开，这样就可以把材料放进去了。

图 7-41　　　　　　　　　　　图 7-42

案例三：大棚漏风怎么办?

封上塑料布孩子们立刻发现了大棚的问题——大棚现在漏风了。我们决定做一个"门"。怎么做呢? 表弟提出:"剪下一块塑料布,用胶钉贴住前面就行了。"于是我们开始制作,孩子们横着贴了很多塑料布,门确实封住了,可是开关一次门要浪费很久时间。于是我问孩子们:"咱们可以怎么调整一下让开门和关门更方便呢?"咩咩说:"我们可以竖着贴一个长的,这样贴一个就够了。就这样,我们做好了大棚。"

【课程省思】

大棚骨架搭建是整个 STEAM 项目的关键之一,在幼儿把想象变为现实的过程中,必然会存在偏差,通过动手尝试,他们发现前期设计过程中出现的问题。这时,幼儿认知产生矛盾,他们会通过思考、讨论,试着自己去修正。在这一过程中教师要"明知不可为而为之",给予幼儿试误的机会,让他们在错误中学习,想办法解决问题。有些时候,教师甚至需要通过有目的的启发引导,帮助幼儿关注错误,习得经验。幼儿在本次过程中依然采取分组活动的形式,他们在小组内能够发挥自己特长,通力合作,把自己的想法变成现实,享受工程初显的成就感。不仅如此,在过程中解决生成的问题,切实提升幼儿问题解决能力。

合作是 STEAM 理念的核心要义。STEAM 项目活动在问题情境下进行,在学习进程中,使幼儿按照自己的实际情况灵活安排活动内容,以师生、生生间合作探究的方式完成。帮助幼儿建立群体合作意识的重要性高于任务的完成。教师应通过小组分工协作等形式引导幼儿完成目标任务,提升他们的协作学习能力,培养具有协作能力的高素质人才。[1] 在固定塑料布

---

① 刘渭, 黄晓洲. 文化传承背景下 C-STEAM 教育理念下的项目式教学模式建构〔J〕. 教育观察, 2021(35): 39—41.

的过程中，幼儿通力合作，有的标记，有的裁剪，有的粘贴，各司其职，完成自己的任务。

生成性是项目活动的特质之一，在项目实施过程中会遇到各种各样的问题，在问题引领的环境下，幼儿自主解决问题，采取动手操作的形式去尝试，在遇到问题的情况下及时调整和反思，动手解决问题。教师通过材料支持幼儿探索行为，在关键问题上启发引导幼儿。

（本案例由北京市朝阳区丽景幼儿园　李佳景提供）

大班区域项目活动"风铃叮铃响"

【区域目标】

1.通过观察、交流，初步了解风铃的基本构造。

2.尝试运用多种材料，用穿、绑、扎、组合的方法设计制作风铃。

3.体验与同伴合作的乐趣，乐意向同伴展示和介绍自己的风铃作品，感受成功的喜悦。

【参与对象所需时间】每组 6 人；一周

【区域项目实施过程】

（一）生成问题 / 任务

设计意图：本项目来源于主题，随着主题活动"风来了"的开展，孩子们对于降落伞、风筝、竹蜻蜓等风的玩具兴趣逐渐浓厚起来。直到一个孩子拿着风铃进入班级，孩子的兴趣开始聚焦到风铃中。

实施流程简述：

1. 头脑风暴——认识、了解风铃。

2. 寻找、探索可以制作风铃的材料。

（二）讨论与设计

设计意图：引导幼儿结合自己观察到的风铃的样子，结合寻找到的、喜欢的、适宜的材料，设计风铃和风铃骨架。

实施流程简述：

1. 设计风铃串。

2. 设计风铃骨架。

（三）动手实践

设计意图：通过制作风铃串，感受不同材料在使用过程中的特点，结合自己使用的材料选择更适宜的绳子进行穿编、打结，学习用不同的方式固定材料，呈现出与设计相同、近似的效果。

实施流程简述：

1. 制作风铃串。

2. 探索材料的固定方式。

3. 制作风铃骨架。

（四）展示分享

设计意图：通过回顾环节帮助幼儿梳理制作流程、遇到的困难以及解决问题的方法，并分享交流自己的制作成果。

实施流程简述：

1. 设计、布置风铃展示会。

2. 介绍自己的风铃特点。

【课程纪实】

案例一：用什么材料做风铃呢？

"我们做风铃是想让它做什么？"我问。晨晨举着小手说："我想让它响。叮叮当当地响。""什么东西能发出叮叮当当的响。"问题一提出，孩子们就在班里四散寻找开来！

鸣鸣先来到建筑区，看见有小朋友拿了两块大积木在敲敲打打，他说："那么大个儿也没法做成风铃呀。"他拿起两块小积木，敲了敲，摇摇头又放回去了。看看旁边的薯片桶，拿起来敲了敲，摇摇头又放回去了。发现我看着他，他说："这些都不能。"我点点头，说："这些都没有声音吗？你想想什么会有声音，咱们班的玩具呀、材料呀，哪些发出过声音呢？"

鸣鸣睁大眼睛看着我，过了一会儿他笑着说："我知道啦！"一边说他一边快速地走到活动室，在科学区轨道玩具旁边停了下来。他指着轨道玩具对我说："这里边的小珠子能出声。"他在筐里翻找小珠子，把两个撞击着敲了敲，笑着对我说："你听，真的行。"

我："还真是，声音挺好听的。可是你再想一想，这个材料怎么做风铃呢？"

鸣鸣左右看了看说："哎哟，没有洞洞，也不能穿呀！"

"我再找找吧！"他说。他又走向美工区，他拿起材料筐里的水彩笔敲了敲，笑着说："呀！有声音呀！还有洞，这个能穿！"

洽洽："我姐姐有一个小风铃，是用小瓶子做的，玻璃瓶那种。""什么小瓶子？"我追问。"就是喝药那种的玻璃，细细的那个。"洽洽一边说一边用手比画着。"就是口服液那种吗？"我说。"对对对，口服液！消炎止咳的瓶子。瓶子嘴儿那个地方系个绳子就行啦！"洽洽说。

案例二：设计风铃

找到了风铃的材料，我们要做什么样的风铃呢？

萱萱："我想做珠子的！我看看用哪些！"萱萱一边说一边在柜子里翻来翻去。她从柜子里拿出珠子的筐，一边在桌子上摆弄一边说："这个在最上边，红的、黄的、红的、黄的，有规律地排列。最底下放一个铃铛，好漂亮！"

我："你为什么这样排呢？"

萱萱："因为这样好看！"

站在她旁边的优优一直看着萱萱摆弄没有说话，看到萱萱摆好了一串，优优说："我想用一个大、一个小的珠子，一个大一个小、一个大一个小，底下再拴一个小瓶子，叮叮当当的！""这个想法特别好，穿出来的风铃肯定特别漂亮！不过你怎样让你们小组的小朋友知道你的想法、按照你的想法做呢？"听了我的问题，萱萱嘟着小嘴不说话。我又说："万一明天你也忘了呢？"这时候，旁边的优优说："那我们就把它画下来呗！这样别的小朋友一看就知道是哪个颜色，还能知道是大的还是小的了！""啊！这个办法好！我现在就画！"萱萱高兴地说。

过了一会儿，萱萱拿着自己画好的风铃给我看，站在我旁边的轩轩说："我知道，我知道，就是小个儿红色、大个儿红色、小个儿红色、大个儿红色呗！这两个还是挨在一起的！"轩轩一边说，萱萱就微笑着朝他竖起了大拇哥！轩轩还说："我跟你一起穿吧。"一边说，轩轩一边用手指着小红大红、小红大红这一串。

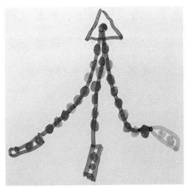
图 7-43

图 7-44

图 7-45

案例三：制作风铃串

区角小项目游戏时间，轩轩来到美工区制作风铃。他摆弄着手里的线，看着粗线说："这个肯定不行，这么粗都穿不进去！我还是用鱼线吧。"轩轩拿起鱼线穿起来。一下子就穿过去啦！轩轩笑着说："真好用！一下子就穿过来了！"我："穿进去很容易，现在你得想办法让贝壳固定住哦！"轩轩点点头。

轩轩把贝壳放在线的中间，拉着两边的绳子系了一个扣，拎着其中的一边笑着对我说："老师你看，固定住了！"我："嗯，这个办法真不错！不过这个贝壳在中间，两边怎么办呢？"轩轩："我再试试。"轩轩分别从线的两端穿贝壳，以中间的一颗为中心，用系扣子的办法，把贝壳一个个固定住了。

盈盈也想试试，她看着一筐瓶盖说："真好看！五颜六色的！"我："你试一试这几种线，看看哪种比较适合穿瓶盖呢？"盈盈微笑着看着我说："老师，我想用这个粗的，这个最长，我想多用点瓶盖，穿一个最长的！"我："好啊！长长的挂起来最漂亮了。你试试吧！"

盈盈拿起最长的粗线穿起来。第一个穿上了，可是一松手，瓶盖就顺着绳子滑到了地上！我："盈盈，你还得想办法让它固定住！"过了一会儿，就听："老师，我成功啦！"盈盈大声说。"我穿了两次就停住啦！"盈盈高兴地说。原来，盈盈用穿两次的方法，让瓶盖固定住了。

【课程省思】

本次项目源于主题活动"风来了"，发现幼儿对关于风的玩具十分感兴趣，一个小朋友带来的风铃吸引了很多幼儿的兴趣，于是想做风铃的小朋友打算在美工区探究风铃的制作。本活动主要目的是幼儿通过观察、交流，初步了解风铃的基本构造，尝试运用多种材料，用穿、绑、扎、组合的方法设计制作风铃，并且乐意向同伴展示和介绍自己的风铃作品，感受成功的喜悦。

教师通过提问的方式，引导幼儿积极思考与风铃相关的话题，发现不同材料与绳子之间的相互关系，感受不同孔洞的特点；通过不同的固定方式学习系扣、缠绕、打结的方式进行固定，最后感受制作与设计之间的关系。幼儿通过提出问题、讨论解决方法、探索尝试解决、解决问题的方式，逐步克服了各环节遇到的困难，完成了风铃的制作。

项目分享阶段通过风铃展示会的方式进行，幼儿设计了风铃悬挂的方式、展示的角度等，通过讲解自己制作中的收获和问题、风铃的特色等，总结了活动中获得的经验，是对幼儿参与项目活动经验的提升。

（本案例由北京市朝阳区丽景幼儿园　付海燕提供）

大班区域项目活动"端午做龙舟"

【区域目标】

1. 能用一定的方法验证自己选择材料制作龙舟中的猜测，并愿意与同伴分工合作，遇到困难一起克服。

2. 探究孩子们寻找差不多的身高与体重、重量守恒。保持龙舟平衡。

3. 通过测量、比较等方法进行合作制作龙舟。

【参与对象所需时间】每组 6 人；一周

【区域项目实施过程】

（一）生成问题 / 任务

设计意图：搜集有关端午节的知识及内容，增加对端午节的了解，引出做龙舟的项目愿望。

实施流程简述：

1. 利用多种方式收集端午节的习俗——龙舟，初步了解龙舟。

2. 分享端午节中，龙舟的相关内容，从而增加对龙舟的了解。

3. 明确做龙舟的项目任务。

（二）讨论与设计

设计意图：幼儿一起讨论做龙舟的过程，并尝试以小组的形式进行设计龙舟。

实施流程简述：

1. 分小组设计龙舟的样子、大小。

2. 记录讨论设计的内容。

3. 各组分享设计，并完善各组设计和想法。

4. 寻找所需材料和工具，为制作龙舟做准备。

（三）动手实践

设计意图：制作龙舟，遇到问题，尝试解决。

实施流程简述：

1. 实施计划：各组根据计划进行初步实施，制作龙舟。

2. 发现问题：在制作后进行体验、对比、反思等方式，发现问题，初步探寻问题原因。

3. 解决问题：结合问题，共同进行解决，完善龙舟，如：龙舟的大小，固定龙头等。

（四）展示分享

设计意图：通过分享、体验共同制作龙舟，收获成功的体验。

实施流程简述：

1. 准备阶段：利用照片、视频、体验的形式，幼儿间分享制作的龙舟及制作中发现的问题和解决办法。

2. 总结提升相关经验。

3. 体验游戏中感受成功的喜悦。

【课程纪实】

案例一：不一样的龙舟

孩子们把自己的龙舟拿到班里进行展示，我们也进行了分享活动，激发了孩子们对龙舟的兴趣，一个孩子说："我们能不能做一个大大的龙舟，我们能坐进去的。"我说："好呀。""那我们需要多大的呢？"我接着问，孩子说："电视里说多大是由坐在上面的人决定的。"我睁大眼睛看着他说：

"哦，那你说我们怎样决定呢？"于是他开始搬着椅子放在前面，在其他小朋友面前走了走，说："我们应该相互量量，身高差不多和胖瘦差不多的可以为一组。""好。"我回答道。其他小朋友听到后，马上站起来到处寻找与自己身高及胖瘦差不多的，孩子们用手相互比，还有的小朋友叫另外一个小朋友看他们俩的身高……我在想胖瘦怎么办呢？这时一个幼儿说："我们可以找保健医老师要称体重的那个吗？"我疑问："为什么用那个？"幼儿说："这样我们就知道谁和谁比较接近啦。"于是孩子们利用户外的时间排队去量了量，孩子们认识上面的数字但对于怎么称体重不知道，于是又让保健医老师协助我们一起完成了。就这样按照孩子们的想法与做法我们选了 6 组（12 名）幼儿，当作船身，孩子们对于船身进行测量。

图 7-46

图 7-47

接下来我们进行制作分组，与幼儿一起讨论后得出"制作船身、龙头、龙尾、中间隔断、划桨"五个组。幼儿根据自己的兴趣进行选组制作。

幼儿先拿硬纸板摆在椅子旁边对高度进行确定，一开始我以为孩子们会用尺子进行测量，这次孩子们用的是自己的身体，幼儿通过观察图片和视频里划龙身的内容发现船身的高度与坐在船上的人小腿部分一致，幼儿把硬板放在自己身体前面在小腿部位那里画了一个记号。然后把硬纸板放平开始画横线进行裁剪。因为船身需要很长，所以班里没有那么长的尺子，这个怎么办？孩子们到处寻找有什么物品可以代替，这时一位幼儿找到了与刚才画的宽度一致的图书，一下拿了6本，把书一本一本连接在一起，叫另外一名幼儿按住图书，他来画直线，用这样的方法一下画了好几个。于是我帮他们用裁纸刀拉开。之后孩子们用自己喜欢的颜色进行装饰船身。

利用两天的时间孩子们就完成一个大龙舟，并且成功地坐了上去，高兴极了。

图 7-48

图 7-49

【课程省思】

做龙舟的整个活动来源于幼儿本身，幼儿从一开始对端午节的策划产生兴趣，并引发到了一起做龙舟、划龙舟的活动。在制作过程中幼儿自身寻找能做龙舟的材料，自行分组设计图纸。在这过程中幼儿能够用简单的图画、数字或其他符号表现出来。在小组中能够主动承担自己的任务，遇到困难能够坚持而不轻易求助来完成。在小组遇到问题时能够通过实践敢于坚持自己的意见并说出理由。对于 STEAM 的跨学科整合教育体现得淋漓尽致。

教师在整个过程中充当了支持者、合作者、观察者等。教师没有给予过多的意见，让幼儿自己大胆尝试与操作。当幼儿发现问题时教师作为合作者一起想办法，给予幼儿平等的感觉，不仅在成功后让幼儿有自信和自豪感，在过程中也同样拥有。

材料是幼儿日常生活中能够常见的而且容易操作的，幼儿总能看到教师用 KT 板做一些立体的作品，在班级的墙上也有，在美工区幼儿也尝试过用 KT 板做立体场景。幼儿所有的材料都属于低结构材料，通过幼儿小组的设计或自己的探索可以随意改变。

（本案例由北京市朝阳区丽景幼儿园　马颖　李莹提供）

大班区域项目活动"会动的机器人"

【区域目标】

1. 喜欢制作活动，体验到动手制作的乐趣与成就感。

2. 能动手动脑，尝试多种方法，如利用查看图册、使用电子设备等技术手段收集相关资料等，解决制作机器人中遇到的问题，支持项目顺利开展。

3. 在制作机器人与同伴意见不同时，能够协商解决，并用一定的方法验证自己想法。

4. 通过感知、比较、分析，感知和理解数、量及数量的关系，能运用简单的技术手段进行测量，并掌握正确的测量和简单记录的方法。

【参与对象所需时间】5 人；一周

【区域项目实施过程】

（一）生成问题 / 任务

设计意图：肯定幼儿用纸箱制作机器人的想法，引导幼儿确定制作"会动的机器人"的最终任务，为项目实施奠定基础。

实施流程简述：

1. 肯定幼儿想要用纸箱制作机器人的想法并鼓励幼儿动手尝试制作。

2. 思考制作什么样的机器人，需要哪些工具材料。

3. 尝试利用查看图册、使用电子设备等技术手段收集制作机器人的相关资料，为动手制作机器人做初步的准备。

（二）讨论与设计

设计意图：支持幼儿制订制作机器人的计划，梳理需要的工具和材料，并引导幼儿合理分工，为接下来真正的制作打下基础。

实施流程简述：

1. 讨论、绘制机器人的设计图。

2. 梳理制作需要的工具及材料，初步预估需要纸箱的数量。

（三）动手实践

设计意图：引导幼儿尝试按照设计图制作机器人，遇到问题能够动手动脑，尝试各种方法，当与同伴意见不同时能协商解决。

实施流程简述：

1. 跟着图册制作机器人。

2. 发现、分析、解决制作机器人过程中遇到的各种问题与困难。

3. 积极思考让机器人动起来的方法并大胆尝试。

4.完成制作"会动的机器人"的最终任务。

（四）展示分享

设计意图：帮助幼儿梳理提升经验，引导幼儿将新经验运用到生活之中。

实施流程简述：

1.回顾制作机器人的过程，分享自己的感受与收获。

2.分享在制作机器人过程中遇到的问题及解决的方法。

3.肯定幼儿在活动过程中表现出的认真专注、不怕困难、敢于尝试和创造等良好的学习品质。

【课程纪实】

案例一：跟着图册做机器人

有了设计图，孩子们就开始制作机器人了。辰辰提出先把制作机器人需要的工具和材料都找齐再开始做，这样更加方便。于是孩子们就开始一起拿纸箱。看着满地的箱子，辰辰说："你们别再拿了，我根本就用不了这么多，我自己拿吧，你们都给我弄乱了。"但是多多和天天都想帮忙。辰辰想了一个办法：分工合作，每个人拿几个箱子。但是在讨论每人拿纸箱数量的时候又发生了争执，几番争执未果。"我们可不可以看看图册制作机器人到底需要几个箱子，然后再根据机器人身体每个部位需要的纸箱数量进行分配呢？"孩子们听了我的建议，仔细看着图册。机器人一共需要6个箱子，多多说自己负责拿腿，需要2个；天天想负责拿手，也需要2个。辰辰负责拿头，需要1个。他们分配好后，发现机器人的身体还没有拿，天天提出自己可以再拿1个身体，这样就够了。但是辰辰不同意，因为他们拿的都是2个，只有自己拿了1个。他说自己应该拿身体，这样他也拿 2 个，一共就是 6 个了。天天说自己拿 3 个也是 6 个。经过协商之后，他们达成共识：每个人都拿 2 个箱子，然后再一起组装机器人。

案例二：站不住的机器人

辰辰先把两个牛奶箱立起来紧挨着放在最下面当机器人的腿，然后把大箱子摞在牛奶箱上面当机器人的身体。可是，他刚一松手，机器人就倒了。他扶起倒地的箱子，重新组合起来，尝试了两次都没成功。"多多，你先别涂色了，过来帮我扶一下，我这儿总是倒。"多多帮辰辰扶着机器人的身体，辰辰把机器人的腿分开了一些，再让多多松手。多多刚一松手，机器人又倒了。辰辰让多多继续扶着，再次调整机器人两腿之间的距离，将两腿放在身体两侧后。辰辰拍着手，仰着头说："这次肯定不会倒了。"可是多多一松手，机器人又倒了。辰辰有些沮丧。这时，多多建议辰辰把纸箱倒着放。多多边说边帮辰辰调整。辰辰也学着多多的做法，把另外一个纸箱放倒，结果机器人真的站住不倒了。辰辰问多多是怎么想到这个方法的。多多解释说："因为牛奶箱轻，立起来放不能铺满这个底，大箱子重就会倒。""哦，多多，你知道我为什么要立着放吗？我想让机器人长高点。""现在我们有没有办法让机器人变高呢？"我问道。"那在牛奶箱上再加一层呗。"我们按照多多的方法试了一次，果然可以让机器人的腿变高。我又拿出四个新的箱子："刚才我们把箱子倒着放，摞两层箱子就会又稳固又能让机器人变高，如果我想竖着用箱子，有没有又稳固又能变高的方法？"多多和辰辰开始尝试，最后他们发现两个竖着的箱子前后放和两个横着放的箱子摞起来放是一样高，一样宽的。想办法让纸箱变得一样高，一样宽。

图 7-50

案例三：机器人动起来了

机器人做好后，班级其他小朋友都过来围观并夸赞多多和辰辰很了不起。这时，大俊提出了自己的看法："辰辰，我见过的机器人还会动呢！你们的机器人能动吗？"听了大俊的话，辰辰说："我也想过让它动起来啊，但是它是纸的不是电的，动不起来啊。我不知道怎么才能让它动起来。"听了孩子们的对话，我问："你的手和头为什么能动呢？""因为我的胳膊和头是活动的。哦，我知道了，得让胳膊和头活动。但是怎么才能让它活动呢？要不咱们上网查查吧。"我和辰辰查到，要想让两个物体连接并动起来，需要在两个物体之间做一个连接轴。也就是说在需要连接的两个箱子上，挖一个洞，再用卫生纸筒连接两边。了解这个原理后，孩子们又一次投入了制作中。辰辰找来了一些纸筒，先看了看纸筒的大小，接着在机器人的胳膊和身体上都挖了一个洞。但是，他发现纸筒塞不进去，就继续把洞挖大了一点；可还是塞不进去。最后，他用裁纸刀把洞扩大了两圈，当把纸筒放进去的时候，纸筒一下子就掉下去了。辰辰低下头，叹着气说："唉，又大了。"天天说："你做个一样大小的不就行了吗？"辰辰说："我不是看不出来吗？要不你试试！"天天试了试也没成功。"要不就这样吧，不会动也挺好的。"多多提议道。"除了看还有什么方法能裁一个大小和纸筒相同的洞呢？"我一边说一边用手画着圆。辰辰想到了用尺子量，尝试之后他发现尺子只能量直线，不能拐弯；接着又用毛线围着纸筒比了比，毛线可以测量，但是毛线容易变形，不好固定。辰辰又来求助我。后来，我们把纸筒当作尺子，用笔比着在箱子上画了下来。随后辰辰将画在纸箱上的线条裁下来，他拍着脑门说："还可以这样啊，我怎么没想到。我也试试！""赵老师还有一个本领，用直尺也能帮助我们裁一个大小合适的洞！我们可以用直尺量一量卫生纸筒空心部分的长度，然后比着这个画下来，再在直线的中心部分，竖着画一条同长的直线。""哦，我知道了，然后把它们连起来，这样就是一个圆了！"辰辰拍着手说。"是的，你可以用这种测量方法为机器人做个能都动的头吗？""那当然了！"辰辰胸有成竹地说。

图 7-51　　　　　　图 7-52　　　　　　图 7-53

【课程省思】

在活动中幼儿积极主动，认真专注，能动手动脑积极思考各种解决问题的办法，敢于尝试，不断创新，表现出了良好的学习品质。我肯定了幼儿的想法，发现幼儿的需要，利用多种形式支持幼儿的活动。当幼儿表达制作机器人的愿望时，我给予肯定和鼓励，迅速和幼儿建立联系。当幼儿遇到不会做机器人，无法让机器人动起来等困难时，我通过言语引导，电子设备支持等形式为幼儿提供保障，有效扩展幼儿的学习能力。

制作过程中，我会鼓励幼儿运用多种方式进行测量，并引导幼儿学会准确、科学的测量方法。幼儿测量能力的发展对数学认知能力的发展有重要的作用。人们熟悉的直尺、皮尺测量是典型的标准单位测量，而自然测量属于非标准测量，是用自然物作为测量工具进行测量的。自然测量是在大班开始学习的。在解决机器人动起来的问题的时候，辰辰先用眼睛看了看连接的洞大概有多大，就开始裁了，但是发现目测的结果并不准确，所以他又在原有的洞口的基础上继续裁剪，修改了两次还是没有成功。我引导辰辰了解什么样的洞口才能使两个物体之间更好地连接，辰辰根据自己的已有经验，提出用尺子和毛线来测量直筒口的大小，在尝试之后还是没有成功。辰辰来求助我，我以同伴的身份加入他的游戏，给他示范介绍了一种新的测量方法：实物测量。最后在辰辰的尝试中成功解决了这个问题。

本活动主要使用的是纸箱、纸筒这种低结构材料。低结构材料有利于促进幼儿主动操作，获取新知识，提高幼儿的动手能力。裁纸刀、胶枪、双面胶等制作工具也作为幼儿制作机器人的重要支持。平时生活中，幼儿对一些工具并不陌生，也经常会看到大人们使用，但实际操作得很少，对于工具的种类、实际用途了解得比较少。本次活动在保证安全的前提下给予幼儿充分的操作机会和探究工具适宜性的时间。

（本案例由北京市朝阳区康泉新城幼儿园　赵婷提供）

第八章

STEAM 教育理念下的幼儿集体教育
项目活动设计与实施

第一节　STEAM 教育理念下的小班集体教育
项目活动设计与实施案例

小班集体项目活动"小毛巾快快干"

【课程由来】

今天上午阳阳在洗手时不小心把擦手毛巾掉到了洗手池里，毛巾变得湿漉漉的。阳阳着急地问老师："老师，我的毛巾湿了，可怎么办啊？"旁边的乐乐说："还能怎么办！晾着呗！"那么我们要怎样让毛巾赶快干呢？

【活动目标】

1. 在集体活动中能够持续参与探究让小毛巾快快干的方法，关注他人的发现，观察他人的方法。

2. 在寻找材料、制作工具、优化工具的过程中，遇到问题时能够主动寻求教师帮助。

3. 喜欢动手操作材料，可以简单地使用材料让毛巾变干，并观察实验结果。

【活动重难点】

活动重点：在集体活动中能够持续一段时间参与探究小毛巾快快干的方法。

活动难点：能够观察他人的活动，可以简单地使用材料，观察结果。

【活动准备】

经验准备：使用毛巾、见过风扇、用过暖气、熟悉教室中的操作材料。

物质准备：毛巾、水盆、风扇及其他幼儿可能没想到的材料。

【活动过程】

一、导入环节

1.出示湿湿的毛巾，请幼儿讲述毛巾不小心弄湿的事件。

2.提出活动任务：寻找小毛巾更快变干的方法。

二、基本环节

1.集体讨论：用什么样的方法可以让毛巾更快变干呢？

2.总结小朋友提出的方法。

（1）用图画、符号的方式记录幼儿的猜想（暖气、手拧、卫生纸、吹风机、洗衣机、用火烤）。

（2）请幼儿选择喜欢的方式，分组探究。

3.分组寻找材料，实践尝试。

（1）教师开放教室中所有的空间和材料，鼓励幼儿选择自己需要的材料。

（2）指导要点：在探究过程中，重视幼儿安全问题；关注各组幼儿的探究需求，为幼儿提供指导和帮助。

三、结束环节

1.观察记录表，回顾想到的方法、用到的技术与材料。

四、延伸环节

1.请幼儿回家继续探索，寻找家中可以让小毛巾快快干的材料或技术。

【活动反思】

本次活动持续时间较长，大多数幼儿都能够在兴趣的支持下投入探究当中，积极思考、寻找材料。在讨论过程中，幼儿能够大胆表达自己的想法，并选择自己感兴趣的方法一起参与实验。

在与幼儿互动的过程中，教师通过谈话、实物引导的方式，帮助幼儿回忆生活中使用过的材料和技术，牵引幼儿的已有经验，在已有经验的基础上利用身边的、熟悉的材料来解决问题。

本次活动基于小班幼儿的身心发展特点，没有深入挖掘现象背后的原理，而是通过支持幼儿的自由想象和探索，让幼儿在操作和观察实验结果的过程中，感受水蒸发的现象。

【活动案例】

分组探究开始了。暖气组的小朋友迅速来到了暖气旁。乐乐直接把毛巾晾在暖气片上。九月先用手摸摸暖气片，再摸摸下边的暖气管，选择晾到了暖气管上。我问："你在摸什么？为什么会晾在下面的暖气管上？"九月说："我摸着下边的暖气管比上边的热，能把毛巾更快烤干。"

　　拧毛巾组的小朋友也发现了新问题。哲哲说："怎么老有水啊！"拧过很多次之后，大家发现小毛巾上还是有水。但是，不管再怎么用力，毛巾也只能拧出一点点水。哲哲着急地甩起了毛巾，发现地板上甩出了几滴水。所以，他认为用力甩毛巾也能弄干小毛巾。

图 8-1

图 8-2

图 8-3

　　吹风组的小朋友先用嘴巴吹。吹了一会儿，大家发现都没力气了。有的小朋友提出，可以用书扇一扇。过了一会儿，小朋友发现，毛巾一点都没有变干的迹象。可是大家都已经累得不行了。老师问："我们班还有什么可以发出很大的风呢？"小朋友们说："电风扇和空调。"可是电风扇太高了。哲哲说："没事，我可以站到桌子上。"哲哲踩到了桌子上。我问："你要一直拿着吗？这可需要很久的时间哦。"淘淘提出了想法："在家我们都用晾衣架，不用手拿。"小朋友们决定找一个"晾衣架"。大家搬来了表演区的衣架。但是，从高处传来的风太小了！淘淘说："离得近点才能让风更大。我们得让衣架像电风扇一样高才行。"伴随着讨论，这组小朋友又开始想办法让衣架升高。最终，他们试着在大桌子上放小桌子，小桌子上放椅子然后再放上衣架。这样小毛巾就可以吹到风了。

（本案例由北京市朝阳区丽景幼儿园　许馨瑶提供）

小班集体项目活动"剥蒜"

【课程由来】

2022 年 1 月 10 日是我国的传统节日腊八节。腊八节有腌制腊八蒜的习俗，班级幼儿对于制作腊八蒜的活动非常感兴趣，与家人一起收集过如何制作腊八蒜的信息，但是在准备腊八蒜的环节，孩子们发现，蒜并不是一个一个剥好的，而是几瓣儿蒜围在一起，被蒜皮裹着。结合孩子们的兴趣和原有生活经验，我们开展了本次活动，在调动幼儿日常经验的同时鼓励其尝试使用不同的方法进行剥蒜，尝试借助工具材料解决剥蒜中遇到的问题。

【活动目标】

1. 愿意使用不同的方法剥蒜，使蒜皮和蒜分离。

2. 尝试解决在剥蒜中遇到的无法剥离蒜皮的问题。

3. 在教师的引导下，主动寻找可以剥蒜的工具。

【活动重难点】

活动重点：愿意使用不同的方法剥蒜，使蒜皮和蒜分离。

活动难点：尝试解决在剥蒜中遇到的无法剥离蒜皮的问题。

【活动准备】

经验准备：幼儿有过剥橘子皮的经验。

物质准备：带皮大蒜、醋、玻璃罐子、塑料袋、矿泉水瓶、儿歌《小孩小孩你别馋》等。

【活动过程】

一、导入环节

1.儿歌导入，引发幼儿参与制作腊八蒜的兴趣。

教师：今天是腊八节，腊八节有腌制腊八蒜的习俗，我们准备的蒜都带皮，怎么才能把蒜去皮？

二、基本环节

1.教师鼓励幼儿说出去除蒜皮的方法并初次尝试给蒜去皮。

图 8-4   图 8-5

2. 根据幼儿在给蒜去皮时遇到的问题进行讨论：哪个小朋友成功去除了蒜皮，还有其他的方法吗？

3. 鼓励幼儿尝试多种方法进行剥蒜皮，在班内寻找能用的材料，并第二次尝试剥蒜皮。

图 8-6　　　　　　　　　　　　图 8-7

4. 发现问题进行调整：没有去掉蒜皮的原因是什么？可以怎样做去掉蒜皮？

5. 再次尝试解决问题。

三、结束环节

1. 分享成功剥蒜的方法，重点引导幼儿说出自己是如何解决去除蒜皮的问题。

2. 小朋友一起把剥好的蒜放入玻璃罐中，并倒入适量的醋。

图 8-8   图 8-9

四、延伸环节

1.鼓励幼儿持续关注班级中泡制腊八蒜的变化。

2.请幼儿把学习到的剥蒜的方法带到家里，在家里进行腊八蒜的泡制。

3.鼓励幼儿尝试自己的事情自己做，遇到困难积极想办法解决问题。

【活动反思】

本次活动的重点是愿意尝试使用不同的方法剥蒜，使蒜皮和蒜分离。幼儿在活动过程中通过动手尝试，将自己预想的剥蒜方法运用其中。幼儿发现从蒜的头部去剥皮比较困难。在老师的鼓励下，幼儿大胆尝试寻找并运用身边的常见材料来剥蒜。通过操作发现，从大蒜的底部剥比较容易，使用材料能够让蒜皮更快地去除掉。本次活动的难点是能够解决在剥蒜中遇到的无法剥离蒜皮的问题。教师在充分调动幼儿原有经验，给予幼儿试误的机会，突破活动的难点。

在活动过程中，教师采取以下策略支持幼儿开展活动：首先，支持幼儿在原有经验上的剥蒜行为，给予幼儿亲身操作，实际感知的机会。其次，通过提问激发幼儿对剥蒜材料的思考，支持幼儿尝试使用工具、调整入手剥蒜的位置。再次，通过总结和实际操作丰富幼儿的剥蒜经验。最后，通过成果展示的性质，让幼儿在活动中获得了成功的体验。

在活动中，幼儿积极动手动脑，发现剥蒜中遇到的问题，在老师的支持下，大胆尝试寻找并使用工具来解决问题，幼儿获得了参与活动的成功感，活动效果好。

【活动案例】

小朋友拿起一头蒜，从蒜的头部开始一层一层把蒜皮撕下，露出围拢的蒜瓣。在我的帮助下，把一头蒜分成了一瓣一瓣的。多数幼儿拿起一瓣蒜，从蒜的头部开始，用拇指和食指捏着蒜头的小尖，往下拽，拽了几次，没有成功。当看到旁边的小朋友从蒜的侧面用手指头抠着蒜皮扯下一片蒜皮，也学着小朋友的样子，用食指的指甲按在蒜的侧面，使劲往里一抠，一块蒜肉和皮被带下来。继续在撕掉一块蒜皮的地方抠、拽蒜皮。蒜皮被一块一块剥下来。小朋友们非常满意地看着自己剥完的满是小坑的蒜。

有的幼儿问："老师，我怎么能剥得快一点呢？""老师把小朋友剥蒜的过程拍了照片，咱们一起看看，大家是怎么剥的？"当我把小朋友剥蒜的照片放到电视上，孩子们发现，有的小朋友是从蒜的头部开始剥的，头部比较紧，不容易剥下来。有的是从蒜的底部开始剥的，蒜的底部平平的，用手一瓣蒜皮就会下来。天天说："奶奶在家剥蒜用瓶子摇晃。"苗苗说："用塑料袋装几个蒜摇晃应该也可以。"千千说："直接从蒜的底部开始剥就可以了。"我肯定小朋友的想法，鼓励孩子们自己寻找工具尝试刚刚提到的方法，进行剥蒜。

（本案例由北京市朝阳区丽景幼儿园　崔悦　郭亚珊提供）

小班集体项目活动"好听的声音"

【课程由来】

一位小朋友不小心碰倒了表演区的玩具柜，里面的乐器七零八落地撒了一地。一个摔坏的沙锤引起了他们的注意。他们围着它你一言我一语地说着："小沙锤摔坏了。""没有沙锤就唱不了歌了。"对于小班幼儿来说，他们对周围世界的探索主要是在操作中进行的。结合小朋友对"沙锤"的执着，我开展了 STEAM 教学活动"好听的声音"，通过动手操作，自己动手制作沙锤，从中获得成功的体验。

【活动目标】

1. 在教师的引导下，动手操作，完成制作音乐会小沙锤的任务。

2. 辨别沙子、豆子、水三种物体在瓶子中发出声音的不同。

3. 在游戏中，愿意表达自己听辨声音的发现和感受。

【活动重难点】

活动重点：制作音乐会小沙锤。

活动难点：能够准确地辨别沙子、豆子、水在瓶子中发出的声音的特点。

【活动准备】

经验准备：在生活中听到各种各样的声音，对声音感兴趣；使用沙锤对歌曲《大雨小雨》进行过伴奏。

物质准备：同样大小、带盖的瓶子（每名幼儿三个），装在杯子中的沙子、豆子、水（每名幼儿一套），托盘（每名幼儿一个），情景图片，音乐《大雨小雨》，摄像机一部。

【活动过程】

一、导入环节

1.利用"音乐会"情境，激发幼儿参与游戏的兴趣。

师：小熊要邀请小一班的小朋友参加音乐会，但是小沙锤找不到了。小熊为我们准备了材料，我们需要用这些材料制作小沙锤。

二、基本环节

（一）在制作"沙锤"的任务中，感受不同物体发出的声音不同。

1.了解制作沙锤所需要的材料

出示操作材料：沙子、豆子、水、瓶子。重点引导幼儿说一说：

你认识它们吗？请你说出它们的名字。

把它们放在瓶子里能发出声音吗？会发出什么样的声音？

2.幼儿制作沙锤

（1）分别出示瓶子和水、豆子、沙子三种材料，请幼儿说一说可以怎样制作沙锤，并请幼儿进行示范。

图 8-10

图 8-11

（2）幼儿动手操作，制作"沙锤"，对于个别幼儿，教师可协助幼儿共同制作。重点引导幼儿说出：你用什么制作出了小沙锤？

图 8-12

三、结束部分

教师："音乐会马上就要开始啦，小熊为大家准备了歌曲《大雨小雨》，我们一起听一听，赶快选择一个小沙锤和小熊一起演奏吧。

【活动反思】

本次活动通过幼儿的参与度来检测幼儿是否达成目标1，通过幼儿和教师的互动以及发言的积极性来检测幼儿是否达成目标2和目标3。

在活动过程中创设和小熊一起开音乐会的情景，邀请幼儿参加制作沙锤的任务。通过这样的方式来激发幼儿动手制作沙锤的兴趣和欲望。所有幼儿都完成"沙锤"的制作。大部分的幼儿参与活动的兴趣比较高，对不同物品放入瓶子中能发出不同声音的现象感兴趣，能辨别沙子、豆子、水三种物品在瓶子中发出的声音的不同，愿意通过和教师的对话以及和同伴的交流表达自己听辨声音的发现和感受。本次活动目标基本达成。

教师主要采取游戏化的方式，运用游戏化的语言与幼儿进行互动，幼儿很愿意参与到活动中，兴趣比较高，师幼互动状态比较好。活动过程中采用不同的教育方法及策略来指导不同状态下的幼儿，对于能力比较高的幼儿，提出更高的期望，鼓励他们独自完成制作沙锤的任务，体验成功的愉悦。对于容易沮丧的幼儿，能在安抚幼儿情绪的基础上，通过语言鼓励和共同制作帮助幼儿完成制作，在完成任务后及时帮助幼儿梳理经验，表扬幼儿不怕困难的学习品质。

整个活动过程层次清晰，尊重幼儿的想法，以幼儿为主体，让幼儿自由探索制作沙锤的方法，创设的情景非常贴近幼儿的生活，符合小班幼儿的年龄特点。教师能够关注到幼儿在制作沙锤过程中的困难，通过语言和示范的方式，引导幼儿探索解决问题的方法。

【活动案例】

我说："你们想用这些材料，怎么制作沙锤呢？"轩轩说："放进去。"教师说："把什么放在哪里？"轩轩说："把沙子放到塑料瓶里。"我说："轩轩的方法是，把沙子放在塑料瓶里。请你上来试一试。"

轩轩拿出一个塑料瓶把盖子打开，拿出装有沙子的纸杯，将纸杯中的沙子倒进瓶子中，在倒的过程中有沙子撒在了桌子上。手上的动作停了下来，看着我。我问："你遇到了什么问题？""沙子撒了。"他回答道。"你能想个办法让沙子不撒到外面吗？""用手接着"轩轩边说边将手举起来。我拿起纸杯说："你看小熊给我们准备的这个纸杯，它是软的，你用手捏一下试试。"轩轩捏了一下说："可以变得尖尖的。"我拿着纸杯对着全体小朋友说："对，这个纸杯捏一下可以变成尖尖的，像小鸟的嘴巴一样。"接着，我对轩轩说："你再试试吧。一手拿着塑料瓶，一手拿着纸杯。"

轩轩这一次小心翼翼地用手捏着纸杯，将尖尖的小鸟嘴对着塑料瓶的口，将沙子倒了进去，中途有一些沙子倒不进去了，他摇了摇纸杯，又接着倒，全部倒进去后高兴地说："倒完了。""沙锤做完了吗？这个盖子是做什么用的？"听到我的提问，轩轩将盖子拧在了塑料瓶上，然后摇了摇说："现在做好了。"

我说："轩轩把沙子放在了塑料瓶里，做了一个沙锤。小熊开心极了，给每个小朋友都准备了一份材料。你们也动手试试吧。"

（本案例由北京市朝阳区丽景幼儿园　林雪　郝梦凡提供）

第二节　STEAM 教育理念下的中班集体教育项目活动设计与实施案例

中班集体项目活动 "我给小鸟送食物"

【课程由来】

伴随着大雪节气的到来，气温逐渐降低。在节气活动后，小朋友们都注意到天冷要添衣保暖、吃暖和的食物，看着窗外树枝上零星的小鸟站在树枝上，便开始担心起可爱的小鸟们。"这么冷的天，小鸟站在光秃秃的树枝上，还有食物可以吃吗？""我们给小鸟送点食物吧！"……于是，在过渡环节时，小朋友们就以"小鸟会喜欢吃什么食物？"为话题展开了猜想和讨论。大家你一言我一语地讨论着："就算有了食物，我们要把食物放在哪里才能方便小鸟吃呢？""食物会不会被小野猫吃掉呀？"……听到孩子们积极讨论，我及时抓住了这一兴趣点，结合幼儿的前期经验以及疑惑问题，开展了"我给小鸟送食物"集体项目活动。

225

【活动目标】

1.关心爱护小鸟，乐意参与给小鸟送食物的活动。

2.初步了解制作小鸟喂食器所需材料及制作方法。

3.能在操作中尝试解决问题，动手制作小鸟喂食器。

【活动重难点】

活动重点：能在操作中尝试解决问题，动手制作小鸟喂食器。

活动难点：选择适宜的材料动手制作小鸟喂食器。

【活动准备】

经验准备：幼儿提前通过多种方式了解到小鸟爱吃的食物。

物质准备：

1.幼儿从家中为小鸟带来的各种食物。

2.泡沫盒、纸盒、纸盘子、纸杯。

3.毛根、麻绳若干。

【活动过程】

一、导入环节

1.情景导入：现在天气越来越冷了，树干上也是光秃秃的，没有食物了，小朋友们说到我们可以给小鸟送食物，那你们猜一猜小鸟喜欢吃什么食物呢？

2.引导幼儿通过语言、图画表达自己的猜想。

二、基本环节

1.幼儿分享为小鸟准备的食物，根据食物的不同，讨论制作小鸟喂食器的方法。

（1）师：大家都带来了哪些食物？尝试将食物进行分类。

①幼儿分别向大家分享介绍自己为小鸟带来的食物。

②将不同的食物进行分类，如谷物类、水果类、坚果类，等等。

（2）讨论制作小鸟喂食器的方法。

师：我们已经将小鸟爱吃的食物进行分类，可以用哪些材料装小鸟的食物？

引导幼儿进行大胆想象、构思。

教师小结：小朋友们选择了泡沫盒、纸盒、纸盘子、纸杯等材料制作了小鸟喂食器。

（3）小组进行制作，发现问题，尝试解决问题。

①师：我们已经将食物放进喂食器，投放在哪里更便于小鸟食用呢？

②师：悬挂喂食器还需要哪些材料呢？或者我们可以借助哪些工具？引导幼儿发现问题后，尝试多种方法解决。

（4）幼儿大胆表达，纷纷为小鸟送食物。

师：我们的小鸟喂食器已经做好了，请小朋友们猜一猜小鸟喜欢在户外的什么地方呢？

幼儿结合生活经验大胆表达自己的想法。

（5）师幼来到户外，幼儿将制作好的小鸟喂食器投放于户外，在接下来的几天观察食物量的变化。

三、结束环节

教师：小朋友们都已经将自己做好的小鸟喂食器放在小鸟喜欢去的地方了，选择了不同的美工材料制作小鸟喂食器。

1.在制作的过程中，你都遇到了哪些问题？你是怎样解决的？

2.在接下来的几天我们可以观察一下不同喂食器的食物量的变化，看看小鸟喜欢吃哪种食物。

四、延伸环节

进一步观察小鸟的进食情况，发现问题，再及时想办法解决、调整。

【活动反思】

反思活动中的目标达成度，其中认知目标：初步了解制作小鸟喂食器所需材料及制作方法，本条目标基本达成。在活动中，幼儿通过观察带来的不同食物，将食物进行简单的分类，在分类的过程中，选择适当的材料进行制作。如谷物类食物比较细小，但又比较重，幼儿在操作和尝试中发现所需盛放的容器应是封闭的、结实的。在方法技能目标中，大部分幼儿能在操作中尝试解决问题，动手制作小鸟喂食器。采取分组讨论的形式，鼓励幼儿在同伴间互相帮助、在操作中发现问题，解决问题。在情感态度目标中能感受到小朋友们都关心爱护小鸟，乐意参与给小鸟送食物的活动。全程幼儿积极参与，在最后到户外进行实践挂喂食器的时候都很开心，还有的小朋友挂好后，还迟迟不肯离开，想再多看一会儿，想看到小鸟吃到自己准备的食物。

前期经验调动：借由大雪节气，天气寒冷，幼儿对小鸟的关爱之情，教师把握住教育契机，通过了解幼儿的已有经验和兴趣点，开展本次活动。

家园共育：在收集小鸟爱吃的食物过程中，有效利用家园合作，通过节气宣传美篇，向家长们展示了幼儿对于小鸟的关爱，以及对于制作小鸟喂食器的活动设想。得到家长们的大力支持，在家中也辅助幼儿完成查阅信息、收集食物的工作。在活动制作当天，能够为幼儿准备好充足的物质准备以及精神准备，便于师幼间顺利互动，活动开展更加流畅。

材料支持：通过不同种类的食物，教师要提前预设出一些必备的制作材料，其他制作材料投放在美工区，为幼儿自主创造奠定基础。材料投放的层次性也要有所体现，如后期才会出现悬挂小鸟喂食器的问题，那么前期的材料投放就以制作容器类材料为主，后期再投放毛根、麻绳等悬挂材料。使材料与幼儿达到合理化互动。

教师提问：导向性提问以及追问，能够有效促进幼儿进一步思考及活动。如在幼儿介绍自备小鸟食物后，引导幼儿对食物进行观察并分类，这个过程就能够引发幼儿进一步思考：有了小鸟爱吃的食物了，我们还需制作好小鸟喂食器，才能方便小鸟吃到这些食物。

教师观察与倾听：在制作的过程中，教师通过观察各组制作过程，倾听各组讨论情况，发现幼儿在制作中出现了问题，产生了疑惑，进一步引发幼儿尝试通过其他材料解决问题，辅助完成，也提升了幼儿间互相帮助，合作完成的能力。

"我给小鸟送食物"STEAM项目来源于幼儿对生活的观察，是幼儿关心爱护小鸟的体现，我抓住了幼儿的这一兴趣点，进行了有效的引导，并提供了多种支架，包括提问引导、多种美工材料的提供、同伴合作等。在本次活动中，幼儿首先猜测小鸟喜欢吃的食物，然后动手制作小鸟喂食器，再次猜测小鸟可能喜欢在的地方，随后将小鸟喂食器投放于户外，充分体现了幼儿尊重自然、爱护自然的环保意识。在本次活动中，幼儿间的合作至关重要，无论是小鸟喂食器的制作还是将小鸟喂食器悬挂于树枝上，这都需要同伴的帮助，这种学习的品质是非常值得肯定的。整个项目中，幼儿的自主学习、合作探究、动手操作、沟通表达能力等都获得了极大的发展。

【活动案例】

在制作小鸟喂食器的过程中，小朋友们先纷纷选择可以装食物的容器。陶陶选择了纸杯，她将自己准备的小米倒入纸杯中，然后就大喊道："老师，我做完啦！"同组的小朋友们都望了过去，我也闻声走去，问道："陶陶，你的喂食器成功把食物装进去了，但是小鸟可以在哪里吃食呢？"旁边的嬿嬿接着说："对呀，小鸟要是站在杯子边上，也够不到里面的食物呀！"诺一接着说道："而且杯子口那么窄，只能站两只小鸟就没地方了，它们一吃就碰头了，哈哈！"大家听了哈哈大笑起来，陶陶想了想，突然说道："有了！我们之前用纸杯做过花朵，我用剪刀把纸杯上面剪成一条一条的，就像花瓣一样打开，就能让很多小鸟都站在上面吃食了。"她一边说着一边剪了起来，剪好后还笑呵呵地说："像个小花篮！"嬿嬿看到了，也笑着说："小鸟也能够吃到里面的食物了，而且还挺好看的！"陶陶开心极了。

（本案例由北京市朝阳区康泉新城幼儿园　王珑　赵福琴提供）

中班集体项目活动"做鸟窝"

【课程由来】

春节将至，孩子们说到过了春节就要进入春天了，小鸟会从南方飞回来了。有的孩子提出想要为小鸟搭建鸟窝。孩子们分组绘制了设计图，对材料进行选择。预设了制作鸟窝过程中可能发生的问题，并有了初步解决方法。本节活动孩子们根据小组的设计图分组制作鸟窝，在"做鸟窝"的活动中提高按计划做事、发现问题、解决问题的能力。

【活动目标】

1. 能够按照本组设计图准备材料完成制作鸟窝的活动。

2. 制作中遇到问题时，通过协商、主动寻求他人帮助等方式解决问题。

3. 对制作鸟窝的活动感兴趣，体验实现自己设计的成就感。

【活动重难点】

活动重点：能够按照本组设计图准备材料完成制作鸟窝的活动。

活动难点：遇到制作中的问题时，通过协商、主动寻求他人帮助等方式解决问题。

【活动准备】

经验准备：幼儿有按计划做事情的经验。

物质准备：设计图，各种形状、材质不同的盒子，棉花，树枝，枯草，剪刀，胶水，水彩笔等美工用具。

【活动过程】

一、导入环节

出示各组鸟窝设计图，激发幼儿实际制作鸟窝的兴趣。

出示各组鸟窝设计图，鼓励幼儿说出本组计划使用的材料与方法。

①没有顶子的鸟窝

②有顶子的鸟窝

图 8-13

图 8-14

二、基本环节

1. 小组幼儿选择适合开展本组制作鸟窝的材料。

图 8-15

图 8-16

2. 尝试解决制作鸟窝中遇到的问题。

（1）运用剪裁、粘贴等方式制作鸟窝主体结构。

（2）如何确定鸟窝中门的大小，根据实际情况进行调整。

（3）筛选适宜的材料铺垫鸟窝，让小鸟感觉更舒适。

3. 教师及时参与到幼儿的制作中，协助幼儿解决制作中的问题。

图 8-17　　　　　　图 8-18　　　　　　图 8-19

三、结束环节

1. 通过实物展示、照片回顾等方式，帮助幼儿梳理按设计图制作鸟窝的经验。

2. 肯定幼儿在活动中积极克服困难，运用多种方法进行尝试解决问题的行为。

3. 幼儿在户外放置鸟窝，获得成就感。

四、延伸环节

1. 幼儿在户外游戏时观察是否有小鸟会主动来到鸟窝，逐渐改进鸟窝，吸引小鸟来居住。

2. 和父母在家庭中制作鸟窝，为小区内的小鸟提供居住空间。

【活动反思】

本次活动的重点为能够按照本组设计图准备材料制作鸟窝。幼儿能够以小组为单位，按照本组的鸟窝设计图进行鸟窝制作。在制作过程中发现鸟窝的门比较小，幼儿能够主动找来鸟类模型，依据模型大小在原有基础上扩大鸟窝的门。在铺垫鸟窝时，发现树枝会比较扎，小鸟会不舒服，选择柔软舒适的材料铺垫鸟窝。

教师在活动过程中运用材料提供、参与讨论等方式鼓励幼儿通过协商、主动寻求他人帮助等方式解决制作鸟窝的问题。

在活动过程中幼儿获得了按计划做事，遇到困难积极想办法解决，获得成功的体验。

【活动案例】

洋洋组找来的酸奶盒又长又窄，幼儿发现这样小鸟肯定进不去。于是小组决定把酸奶盒从中间剪开，两部分并在一起，使用胶条固定，拼出一个正方形盒子。拿来枯草和树枝垫底。这时一名幼儿说："这个树枝太长太硬了，小鸟住在上边儿肯定不舒服，而且这些树枝和枯草不稳，一动鸟窝里边的东西都散了。"紧接着幼儿进行讨论，并进行了调整。选取较软的细一点的树枝，这样方便剪短平铺于盒底。一名幼儿拿来乳胶将剪裁好的细软的树枝粘在盒底。其他幼儿将枯草平铺在树杈上。一名幼儿说："这样把草铺在树枝上软和，小鸟会更舒服。"看到自己搭建的鸟窝大功告成孩子们高兴地欢呼起来。

征征组进行鸟窝掏洞过程中出现了问题，到底要掏多大的洞呢？幼儿迟迟没有进行操作。征征说："这个洞得跟门一样，小鸟能进得去，还得能出来。"于是征征拿起笔在盒子上画了一个拱形类似于门的形状，征征组小朋友按照形状使用剪刀进行掏洞。但是当放入垫箱子底材料的时候，一名幼儿说："我两个手指头都进不去，这门太小了。"于是这组幼儿开始寻找解决办法，从植物角找来燕子的模型，利用绳子进行测量。依据测量结果重新画了门，再利用剪刀进行掏洞。一名幼儿将燕子模型从洞里放进去，拿出来，反复试了很多次，他说："这次肯定没问题了，小鸟能进去也能飞出来。"幼儿发现棉花又出现了问题，棉花总是"乱跑"。老师问："怎样让棉花固定在里边呢？"于是征征利用乳胶将棉花固定在盒底，又在棉花上放置了羽毛。棉花很软很舒服，而且暖和，上边放了羽毛小鸟睡在上边很熟悉，就不害怕了。

（本案例由北京市朝阳区丽景幼儿园　付晓彤　刘琳提供）

中班集体项目活动"我给植物建暖房"

【课程由来】

进入小雪节气之后，气温逐渐降到零摄氏度以下，小朋友们观察到班里的小植物有些蔫蔫的，纷纷问道："小植物们是不是被冻坏了呀""怎样保护小植物呀"……基于幼儿的探究兴趣，为了发展幼儿初步的探究能力，开展了"我给植物建暖房"STEAM 项目活动。

【活动目标】

1. 能使用多种美工材料动手搭建植物暖房。

2. 在搭建暖房遇到问题时能够进行反思，不断调整自己的搭建方法。

3. 乐意与同伴协商搭建暖房，初步养成合作、交流意识。

【活动重难点】

活动重点：能在操作中尝试解决问题，动手搭建植物暖房。

活动难点：在搭建暖房遇到问题时能够进行反思，不断调整自己的搭建方法。

【活动准备】

经验准备：幼儿有手工制作的经验，了解不同美工材料的用途。

物质准备：

1. 小木棍、保鲜膜、泡泡膜、白乳胶、胶棒、超轻黏土、麻绳若干；

2. 小植物 8 盆。

【活动过程】

一、导入环节——情景导入

师：小朋友们，现在天气越来越冷了，小植物也有些蔫蔫的，我们怎样帮助小植物呢？

小结：不光小朋友们需要住在暖和的房子里，小植物们也需要暖房。

二、基本环节

1. 幼儿找寻材料，尝试设计和搭建，并引发讨论：如何才能将小木棍固定在一起呢？

2. 幼儿自发探索，分成胶棒组、白乳胶组、超轻黏土组和麻绳组，分组搭建暖房。

教师请四组幼儿分享自己的初步搭建成果。

小结：使用麻绳能将小棍儿捆绑结实，使用白乳胶、胶棒和超轻黏土则很难固定小木棍，可以请老师帮忙使用胶枪固定小棍儿。

胶棒组、白乳胶组和超轻黏土组幼儿发现问题之后，使用麻绳、胶枪等材料固定小木棍，重新搭建植物暖房。

图 8-20　　　　　　　图 8-21　　　　　　　图 8-22

3. 幼儿自主选择保鲜膜、泡泡膜完成暖房搭建。

小结：使用保鲜膜建造的暖房比泡泡膜能够更清楚地看到小植物。

图 8-23　　　　　　　图 8-24　　　　　　　图 8-25

4. 教师请幼儿将自己搭建好的暖房罩在小植物外，请幼儿分享自己的植物暖房。

师：请小朋友们说一说你搭建好的暖房可以保护好小植物吗？

幼儿发现小植物有些高，自己搭建的暖房有些矮，或者是暖房有些窄，不能很好地罩住小植物。幼儿根据自己发现的这些问题对暖房进行调整。

小结：原来小朋友们在搭建暖房的时候要比对着小植物的大小、高矮进行搭建，否则的话暖房不能很好地保护小植物。

幼儿比对小植物后，重新调整植物暖房。

三、结束环节

1. 幼儿将小植物放在搭建好的暖房里。

2. 回顾梳理经验，总结提升：小朋友们在搭建暖房的时候可以选择麻绳将小木棍进行固定，而且要提前比对好植物的尺寸进行搭建，这样搭建好的暖房才能很好地保护好小植物。

图 8-26　幼儿在用放大镜观察植物暖房中的植物

四、延伸环节

鼓励幼儿继续探索使用其他材料搭建植物暖房，尝试小组合作搭建。

【活动反思】

"我给植物建暖房"源于幼儿对大自然的观察与发现，STEAM 项目的各要素在项目中充分得以整合和展现。幼儿在搭建植物暖房中能够与同伴交流讨论搭建暖房所需要的材料，在发现问题之后通过同伴分享能及时调整自己的搭建方法，幼儿合力为小植物搭建暖房。教师抓住幼儿对自然的兴趣点，通过引导幼儿选择搭建材料、将搭建好的暖房罩在小植物上等，让幼儿的专注力、主动学习、动手操作能力得以提升。在整个项目中，教师选择在适宜的时机支持幼儿，借助情境、材料等多种支架方式支持幼儿的主动探究，给予了幼儿动手操作的机会，支持了幼儿在对材料和工具的感知中逐步深入探究，提升了幼儿的探究意识及问题解决能力。

幼儿在搭建中遇到问题时，师幼合作探究解决问题。幼儿将植物暖房做好之后，发现植物暖房不能很好地保护好小植物。"那这是为什么呢？"教师抛出问题促进幼儿探究。"我发现植物暖房有些矮，这样小植物会冷的。""那我们怎么调整一下植物暖房才能让它保护小植物呢？"幼儿你一言我一语开始了热烈的讨论，根据不同小朋友提出的方法将植物暖房做出了调整。最终小朋友们成功搭建了与小植物尺寸相符的植物暖房。

【活动案例】

小朋友们在讨论使用何种美工材料将小棍儿固定时，波妞说"可以使用白乳胶"，康康说："我们用胶棒吧，之前我们想粘东西的时候都是使用胶棒的。"图图说："我在家看到奶奶有的时候会用绳子捆绑小棍儿。"小朋友们纷纷展开了讨论，其他小朋友也根据自己的想法加入到了其中。在分组搭建暖房的过程中，诺一说："我在小棍儿上涂了很多胶，可还是粘不到一起"，康康听完点点头说道："我也粘不到一起。"这时，我看到超轻黏土组的小朋友正在固定小棍儿，我走到他们身边说道："你们固定好了吗。"小蚂蚁对我说道："等超轻黏土干了就固定好了，我看还是很结实的。"我说："那等待你们的好消息呀。"我看到小朋友们在固定小棍儿时遇到了困难，于是问到小朋友们："哪组小朋友成功将小棍儿固定在一起了呀。"图图立刻说道："李老师，我们马上就成功了，可是我们力气太小了，需要老师的帮助。"我连忙走到图图的身边，看到麻绳组小朋友们正在合力将麻绳打结固定小棍儿，可是打结的力度较小，因此捆绑的绳子比较松。我给小朋友们示范了一下打结的方法，一位小朋友拿好小棍儿，另一位小朋友使劲儿将麻绳固定。图图和涛涛又尝试了两次，终于，我看到他们脸上露出了开心的笑容。图图大声说道："咱们可以用麻绳固定小棍儿，这样会很结实的。"小蚂蚁走到我身边说："李老师，我们刚才马上就要成功了，可是我们一使劲儿小棍儿就掉了下来，又要重新固定了。"我来到了超轻黏土组，问道："那我们小朋友怎么解决这个问题呢。"米米说道："我们可以使用麻绳固定小棍儿，刚才图图已经成功了。"小蚂蚁闷闷不乐地说道："可是我还是想用超轻黏土继续试试。"我听完小朋友们的话后说道："李老师非常同意你们的做法，可以继续用超轻黏土固定小棍儿，看看怎样才能不让固定好的小棍儿掉下来，也可以使用麻绳进行固定。"于是，小朋友们又继续紧锣密鼓地搭建了。

（本案例由北京市朝阳区康泉新城幼儿园　李惠梅　李晓萌提供）

中班集体活动"让我的作品站起来"

【课程由来】

新年活动中要进行幼儿美术作品展示，孩子们的作品完成后遇到一个问题：展板不够了，没有展板怎么办呀？孩子们七嘴八舌地议论起来，结合日常生活经验孩子们提出自己制作展示架的想法。于是我们开展了"让我的作品站起来"的项目活动。活动分为两个环节：第一，分组讨论让作品站起来的方法，并将设计制作方案记录在表格中；第二，以小组为单位根据设计方案尝试制作，让作品站起来并进行作品展示。

【活动目标】

1.幼儿按照计划（设计图纸）选择材料，共同尝试探索使作品站起来的方法。

2.在小组内进行商量，想出解决问题的办法。

3.体验探索成功的成就感。

【活动重难点】

活动重点：幼儿按照计划（设计图纸）选择材料，共同尝试探索使作品站起来的方法。

活动难点：通过操作发现问题，选择合适的材料解决问题。

【活动准备】

经验准备：有分组讨论解决问题的经验。

物质准备：幼儿的设计方案、作品每组两幅、剪刀、双面胶、积木、瓶子、硬纸板、"露露"罐等。

【活动过程】

一、导入环节

出示设计方案引出活动内容。

教师：上次活动中我们通过分组讨论，完成了"让我的作品站起来"设计方案，今天我们的小任务就是按照设计方案开始制作，让我们的作品站起来。

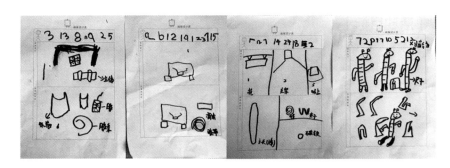

图 8-27

二、基本环节

1.按照设计方案寻找材料，尝试制作。老师重点观察幼儿操作情况。

图 8-28

2.讨论：哪组成功了，他们是怎么做的？

3.发现问题进行调整：没有成功的原因是什么？可以怎么调整呢？

4.再次尝试解决问题。

三、结束环节

1.分享第二次尝试过程，重点引导幼儿说出制作中出现问题后如何进行解决的。

图 8-29

2. 表扬幼儿积极探讨，协商解决问题的表现。

四、延伸环节

1. 请幼儿将作品摆放到展示台，引导幼儿发现问题：只能看到前面的，后面的被遮挡住看不到了。

2. 鼓励幼儿借助于积木、纸箱等材料搭出不同层高的展示台。

【活动反思】

活动的目标是幼儿按照计划（设计图纸）选择材料，共同尝试探索使作品站起来的方法。这也是本次活动的重点。幼儿在活动过程中能够通过动手尝试，将自己的设计和前期计划变成现实。通过操作发现问题，选择合适的材料解决问题。这是本次活动的难点，教师在充分调动幼儿原有经验，给予幼儿试误的机会，突破活动的难点。

在活动过程中，教师采取以下策略支持幼儿开展活动：首先，给予幼儿试误的机会，充分尊重幼儿的感知体验，提供材料供幼儿形成新认识，发展对幼儿错误采取宽容态度；其次，通过有目的的提问和总结帮助幼儿梳理经验，采取开放式提问，启发幼儿进行创造性的实验和尝试；最后，通过小组讨论，集思广益给幼儿创造合作的机会。

在活动中幼儿能够动手动脑进行尝试，把自己的想象和设计变成现实，在过程中发现问题，解决问题，获得任务成功的成就感，活动效果良好。

【活动案例】

"今天我们的任务是什么呢？"老师问小朋友。小朋友回答："把画立起来。"老师指着设计图问："你们设计图上的办法是什么？"佳佳说："用静电吸住作品。"于是孩子们试一试，发现不行。老师提问："为什么失败了呀？"铃铛说："因为画太大了，尺子太小了。我们得换个大尺子！"老师拿来一个大尺子，试了试发现换了还是不行。于是老师提出："静电游戏中，我们吸起来的是什么？"孩子们异口同声地回答，"是小纸片。""那小纸片是什么样的？"老师追问。"小纸片很轻，很小。""可是作品呢？"他们说："作品太重了，吸不起来。"

接着他们用纸筒尝试让作品立起来。孩子们选择最长的纸筒横着放，但是佳佳说："横着放作品不能立起来，我们要竖着放，并且这幅作品太软了，两个纸筒之间有一定的距离。"金金将双面胶直接粘在画上，但是发现粘错了得撕下来，可是画撕掉了一层皮。于是佳佳说，双面胶不行，我们得用胶钉。幼儿进行尝试后发现一人不能完成，需要小朋友帮助。小组合作进行固定，有扶住作品的，有进行粘贴的。

（本案例由北京市朝阳区丽景幼儿园　刘民　任颖提供）

中班集体项目活动 "自制手脚垫玩具"

【课程由来】

最近在班里的活动区中投放了手脚垫玩具，孩子们爱不释手，就连过渡环节大家也纷纷在手脚垫游戏前排了起长队，小朋友们都喜欢手脚垫玩具，可是班级只有一个，怎么办呢？教师说："我有好办法啦。我们可以分组制作几个手脚垫，这样小朋友们就都可以玩啦。"于是，根据幼儿兴趣，我们生成了自制手脚垫玩具的项目。

【活动目标】

1. 尝试分组制作手脚垫，体会动手制作的乐趣。

2. 设计不同手脚垫路线图，并按图进行制作。

3. 通过体验游戏发现设计的问题，并用小组讨论、尝试等方式解决问题。

【活动重难点】

活动重点：设计不同手脚垫路线图，并按图进行制作。

活动难点：发现设计的问题，并用集体讨论、尝试等方式解决问题。

【活动准备】

经验准备：幼儿有玩过手脚垫的经验。

物质准备：幼儿自制手脚图形若干、大的长方形地垫若干、设计图、多媒体设备、摄像机。

【活动过程】

一、导入环节

1. 展示照片，回顾手脚垫游戏的场景，激发幼儿制作手脚垫的兴趣。

2. 出示和介绍材料，提出制作手脚垫玩具的任务。

（1）这是什么？你觉得它是用来做什么的？

（2）提醒幼儿使用过程的注意事项。

二、基本环节

1. 分组设计手脚垫玩具的路线图。

（1）教师介绍设计表。

（2）幼儿分小组进行设计，绘制设计表，教师巡回指导。

（3）小组代表介绍本组的设计。

表 8-1 手脚垫玩具设计表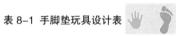

小组成员			
我的设计			
材料数量	小手	小脚	地垫

2. 幼儿根据自己的设计选取材料，制作手脚垫玩具并进行第一次游戏。

（1）幼儿试玩自己组的游戏，教师拍摄视频进行记录。

（2）各组间互相试玩其他组设计的手脚垫玩具。

3.讨论手脚垫玩具的设计。

（1）教师播放各组进行游戏的视频，并提问：你喜欢哪组的设计，为什么？

（2）教师提问：你在玩的过程中有什么发现？可以怎么调整？

（3）教师总结：表扬幼儿积极动脑进行设计，参与游戏的行为，并鼓励幼儿调整手脚垫玩具。

4.分组调整手脚垫玩具并再次试玩，获得成功的体验。

三、结束环节

1.分享本组修改完自己玩具设计的心情和感受。

（1）在进行游戏和修改设计的过程中你知道了什么？

（2）你有什么感受？

2.教师表扬幼儿在游戏过程中积极动脑，讨论解决问题的表现。

四、延伸环节

鼓励幼儿继续设计不同的手脚垫玩具路线，并创造玩具的不同玩法。

【活动反思】

本项目任务在于设计手脚垫玩具并通过试玩和讨论修改自己的设计，完成手脚垫玩具的制作，从而解决班级手脚垫玩具不够的情况。本次活动的设计是基于真实的任务情境，结合幼儿的兴趣和需要，因此，本项目具有的突出特性是生成性。活动中幼儿兴趣浓厚，能够积极参与到活动中。

活动的重点在于设计不同手脚垫路线图，并按图进行制作。活动的难点在于发现设计的问题并采用一定的方式去解决问题。在突破重难点的过程中，教师没有直接指出幼儿的问题，而是通过让幼儿体验和尝试发现问题，当幼儿遇到难以解决的问题时，教师并不要求幼儿立刻想出办法，而是给予幼儿试误和发现的机会，在同伴交往中获得游戏的快乐。还有，开动脑筋进行不同的设计是本次项目的一个重要目标，教师通过启发式提问，激发幼儿的创造力发挥，并给予幼儿充足的时间和空间，鼓励幼儿进行更多大胆的创造。

在材料提供上，幼儿运用自制的手脚模型，并选择适宜尺寸的地垫，自主进行拼摆和固定，不断制作和选择材料，在项目全过程中都体现幼儿的参与性，将幼儿置于活动的主体地位，教师作为幼儿的同伴、观察者和支持者参与到游戏中。

【活动案例】

进行了第一次游戏，我们开始寻找问题。还不等我提问，花花就找到我说："老师，我发现我们组的设计过不去。"她突然的发言吸引了其他幼儿的目光。"哦，哪里呢？"我问，"你说过不去的地方。"她开始在手脚垫玩具上进行示范，到某个地方停了下来，说："就是这里，总是卡住。""哦，为什么会卡住呢？"丹丹发言："因为这里的脚会像麻花一样扭住，扳不过来。"她有趣的比喻逗笑了老师和小朋友。于是，我邀请几个幼儿去试一试，大家都发现这个地方总是卡住。"那怎么改呢？"我问。孩子们你一言我一语地讨论起来。"可以把这两边的小脚换位置""可以去掉卡住的脚""可以把脚换成手"……只要幼儿提出来，我都允许孩子们摆一摆，试一试，选择合适的办法去修改设计。

（本案例由北京市朝阳区丽景幼儿园　张立双　颜国东　赵姗姗提供）

中班集体项目活动 "我给大树穿新衣"

【课程由来】

一天早晨，桐桐刚到幼儿园就跑到我的身边对我说："老师，你知道吗，我看到路上的好多小树都刷上了一层白漆。""是吗，你观察得真仔细，那为什么要给小树刷上一层白白的漆呢？""为了漂亮，为了防止被虫子破坏，为了保暖……"孩子们你一言我一语地说着。冬天到了，怎么让我们幼儿园的树变得暖和起来呢？也给小树刷上漆，可是没有漆啊，不然给小树做一件衣服吧，到底做多大的衣服呢？和大树一样高的衣服么？带着疑问和讨论，进行了本次活动。

【活动目标】

1. 能积极主动地思考制作大树新衣的材料与方法。

2. 能运用适宜的材料与工具制作衣服，积极想办法解决制作衣服过程中遇到的问题。

3. 能运用绳子或尺子进行自然测量或精确测量。

【活动重难点】

活动重点：运用适宜的材料与工具进行制作衣服。

活动难点：运用自然物测量大树的周长。

【活动准备】

经验准备：有运用自然物进行测量的经验。

物质准备：卷尺、长尺、绳子、布、棉花、双面胶。

【活动过程】

一、导入环节

谈话导入引发幼儿思考如何在冬天保护大树。

1. 提问：现在是什么季节？你有什么感受？我们幼儿园的树在冬天会有什么感受呢？

2. 想一想：可以用什么办法让大树感到暖和？那你们打算用什么来制作大树穿的衣服呢？

二、基本环节

（一）讨论适宜制作衣服的材料

提问：咱们小朋友们都特别爱动脑筋，想到了很多的办法，那你们觉得哪个办法最合适呢？为什么？

（二）讨论制作衣服的方法、注意事项

1. 商讨制作多长、多宽的衣服

提问：为了让大树穿上非常合身的衣服，我们想一想需要制作多大的衣服呢？用什么方法可以测量出大树的"腰围"呢？

提问：除了尺子还可以用什么工具进行测量呢？

2. 通过测量大树的粗细、高度来确定制作衣服的长短

四组幼儿在教师的协助下现场测量大树树干的粗细（周长）和高度，并进行标记。

3. 根据测量结果，分组开始为大树制作衣服

（1）教师与幼儿一起准备制作衣服所需的材料与工具。

（2）分组为不同的大树制作衣服。

4.分组为大树穿衣服

幼儿分组为大树穿衣服，教师观察、协助、支持幼儿。

图 8-30

图 8-31

图 8-32

图 8-33

图 8-34

图 8-35

三、结束环节

1. 每组幼儿代表介绍今天的成果，分享用什么方法进行测量，是怎么制作衣服的，为大树穿上衣服后，有什么感受？

2. 教师小结：积极想办法、分工合作。

【活动反思】

本次活动目标完成度较高，在活动开始部分，幼儿能跟随老师一起大胆地想办法，思考到底用什么方式为大树保暖，在选择材料时，小朋友想到了为大树做一个棉被。在活动中幼儿也想到了用绳子来代替尺子的方法，能运用适宜的材料与工具制作衣服，积极想办法解决制作衣服过程中遇到的问题，能够运用绳子或尺子进行自然测量或精确测量。老师以问题引领的方式，先和小朋友谈论用什么方式为大树保暖，经过投票决定用为大树做个棉被的方式。于是又引导幼儿如何为大树做合身的棉被，有的小朋友说做一棵树那么大那么高的，可是发现根本做不成那么大的棉被，于是商量出做和自己身高差不多高的棉被就可以了，在为大树穿新衣时还能够得到。在没有尺子的情况下，孩子们也想出了用绳子代替尺子的方法，并且用初步的合作的方式，分工测量大树。

从效果来看，幼儿对活动十分感兴趣，并且对于自己为大树做了一件新棉被而感到非常有成就感，在为大树穿上了新衣后，孩子们不自觉地和大树进行合影，拥抱大树。

【活动案例】

当我问道"我们用什么为大树做衣服时"，小朋友纷纷举起了手，南南说："大树有树叶就是在保暖，现在树叶掉落了，我们可以帮助大树找回来。""那去哪里找树叶呢？""可以去公园。"一旁的小白说："可是公园的树叶也都掉没了，也没有了啊。"南南说："我们家有一些树叶，我可以带来。"我问道："到底需要多少树叶大树才能暖和呢，如果只有几片，大树会感到暖和吗？"小朋友异口同声地说："不能，那得需要很多很多很多的树叶才可以，而且树叶也长不到树枝上，只能铺到树根那里才行。"轩轩举起了手说："可以给大树做一堵围墙，这样就不怕刮风了。"我对轩轩伸出了大拇指说："原来，你要当个建筑师为大树建一座房子来保暖啊。"轩轩点了点头说："对啊，可以用建筑区的积木当围墙呢！"小白说："那是纸积木，一下雨就塌了。"这时，小宝举起了手说："我觉得可以用绳子，把绳子绑树干上就可以了。"彤彤也举起了手说："我觉得可以为大树做一件衣服，我们冬天冷的时候就穿衣服。"到底哪种方法最好呢，孩子们纷纷走上台说着自己的观点，最后，我们通过投票的方式，选择出了为大树做新的棉被衣。

（本案例由北京市朝阳区丽景幼儿园　赵宇佳　李俊提供）

中班集体项目活动 "小麦变面粉"

【课程由来】

幼儿对每月一次的自助餐面点很感兴趣，这些面点有各种各样的造型，有小猪、小兔子等，孩子们看到这些"小动物"都很开心，有时候餐桌上看到佛手包，也会兴奋的问我："老师，老师，它是怎么做成的呀？"中班幼儿看到周围的新鲜事物，就会经常问一些和新事物有关的问题，老师鼓励幼儿自己猜想，从而激发了他们对"面粉"的探究兴趣，当他们知道小麦可以变成白白的面粉时，就产生了极大的兴趣，一颗颗土黄色椭圆形的小麦是怎么变成白白的面粉呢？因此，本班开展"面粉的旅行"主题内容，聚焦以"面粉"为主题的内容，重点探究白面粉的来源、小麦变成白面粉的过程等内容，本次集体教育活动的内容，就是围绕小麦变成白面粉的过程开展的。

【活动目标】

1. 能够通过合作交流、动手操作等方式坚持完成小麦变成面粉的任务。

2. 敢于反复尝试，直到探究出小麦变成面粉的新方法。

3. 在小麦变面粉的过程中，能发现小麦变面粉与工具的选择、研磨的方法以及研磨力度的大小有关系。

【活动重难点】

活动重点：能够通过合作交流、动手操作等方式坚持完成小麦变成面粉的任务。

活动难点：在研磨面粉的过程中，能尝试用多种研磨的方法将小麦变成面粉，并能根据小麦的变化，调整研磨的力度大小。

【活动准备】

经验准备：幼儿见过白白的面粉，知道面粉是粉末状的。

物质准备：

1. 幼儿在家（生活中）寻找的工具：擀面杖、玩具木槌、塑料玩具、捣蒜工具一套、面粉筛子，等等。

2. 麦粒每组一份。

3. 托盘和塑封袋每人一个。

【活动过程】

一、导入环节

1. 回忆小麦可以变成面粉，古代的人可以用木棍捣碎小麦。

2. 引导幼儿介绍自己在生活中寻找到的工具。

（1）小组内介绍自己在生活中寻找到的可以把小麦变成面粉的"工具"。

教师提问：为什么选择这个"工具"？为什么认为这个"工具"可以将小麦变成面粉？

（2）幼儿在集体前介绍自己找到的工具，大胆表达想法。

图 8-36　幼儿在生活中找到的可以把小麦变成面粉的"工具"

二、基本环节

1. 试一试：用自己找到的"工具"捣碎小麦，教师有安全提示。

（1）教师观察幼儿在操作中出现的问题，引导他们通过同伴协商、分享好办法的方式解决问题。

（2）在操作的过程中，当幼儿提出请老师帮助时，教师给予适当的支持。

（3）鼓励同伴间互相分享操作中出现的问题和解决的好办法。

教师：你遇到什么困难？你是怎么解决的？

（4）引发幼儿对操作中出现的现象进行思考，帮助幼儿梳理"我的发现"。

教师：你的小麦捣碎了吗？为什么没捣碎了呢？你认为怎么做可以捣碎？

教师：你的小麦捣碎了吗？为什么捣碎了呢？你使用了什么方法使小麦捣碎了？

图 8-37　幼儿尝试用自己找到的"工具"捣碎小麦

2. 幼儿展示本组的成果，分享小麦变成面粉的情况。

教师：你们组使用的什么工具？小麦捣碎了吗？为什么没有成功？你们认为没有捣碎的原因是什么？（捣碎的原因是什么？）

图 8-38　幼儿捣碎小麦后成功展示

3. 将磨碎的小麦中，颗粒状和粉末状进行分离。

教师：怎么将没有磨碎的小麦粒过滤出，分离出粉末状物质？

教师：你使用了什么工具？怎么做的？

图8-39　同伴合作用筛子把没有磨碎的小麦和粉末进行分离

三、结束环节

教师提问，幼儿大胆表达想法，师幼共同小结。

教师提问：

（1）怎么将小麦变成面粉？你认为哪个工具最合适？为什么？

（2）在操作的过程中你遇到了什么困难？你是怎么解决的？

（3）生活中，白白的面粉可以做什么？引出延伸活动内容。

四、延伸环节

1.班级组织制作饼干的活动，幼儿尝试用面粉制作各种造型的饼干。

2.老北京特色面食大调查，通过填写记录表、拍照等方式进行调查，将收集的内容来园和同伴分享，不仅锻炼其语言表达能力，还激发了爱北京的情感。

3.幼儿对制作面点的活动感兴趣，尝试使用彩色的超轻黏土，制作各种造型的老北京面点，并和角色区小餐厅"合作"，推出老北京特色小吃菜品，使幼儿更加了解家乡的饮食文化，激发了幼儿爱家乡的情感。

图 8-40　在园制作饼干

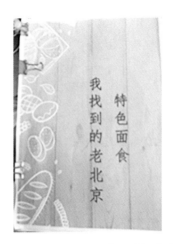

图 8-41　老北京特色面食调查表

图 8-42　幼儿找到的老北京特色面食　　图 8-43　幼儿用彩色黏土做老北京面点

【活动反思】

在小麦变面粉整个活动过程充分发挥幼儿自主性，教师并没有直接干预，而是鼓励幼儿大胆尝试。在探究的过程中，幼儿发现选择工具中木制的擀面杖和瓦罐搭配，可以把小麦捣碎，因为这两个工具都比较硬，可以把硬硬的小麦砸碎，当有一部分小麦已经碎了的时候，就不用那么大力气去捣碎，可以适当减少一点力气，用研磨的方法，把小麦弄得更碎。在探索能将麦皮与麦粒分离的方法时，自主选择多种材料操作，通过同伴间的合作，发现筛子能很快将麦皮和麦粒分离，碎碎的面粉从筛子的缝隙中漏下去，通过观察分离出麦粒数量的方法，找到最适宜的工具。在探究过程中，幼儿大胆地表达感受和想法，可以做到同伴间互相尊重，愿意倾听不同的想法。

活动过程中，教师通过开放性提问给予关键支撑，引发幼儿思考。例如："你的小麦捣碎了吗？为什么捣碎了呢？你使用了什么方法使小麦捣碎了？"有目的的提问或追问激发幼儿的探究兴趣，帮助他们找到解决问题的方法。在操作的过程中，当幼儿提出请老师帮助时，教师给予适当的支持。最后，幼儿成功将小麦和粉末分离得到面粉。通过后期的延伸活动，进一步提升幼儿完成任务的成就感和自豪感，知道了制作面粉的不易，引发了珍惜粮食的想法。

【活动案例】

小麦总是从器皿中"蹦"出来。嘻嘻组的小朋友发现，用手按住器皿后，虽然可以固定器皿不晃动，可是用木槌捣小麦时，小麦总是从器皿中"蹦"出来，这样不仅不能捣碎小麦，捡小麦的工夫还浪费时间，这时候他们发现旁边思一组有了不一样的想法。思一说："你们看，这个麦粒总是从这里（器皿）跑出来，那我们如果不用器皿，就在托盘上捣碎试试呢？""我怎么没想到呢，那我来按住托盘，你砸小麦试试。"嘻嘻组的小朋友也被这个想法吸引，想一起看看这个方法好不好。于是，思一小心翼翼地把小麦推成一小堆儿，开始用木槌砸小麦，不料，刚砸第一下，小麦就开始到处"乱跑"，在托盘中蹦得到处都是，张张说："这样不行，没有罐子围住小麦粒，肯定不行。"思一看这满托盘的小麦，哈哈大笑说："没有罐子拦截，还是不行的。"这时，大轩说："你们都快过来看看，我和哲哲想到了好办法，用手捂住罐子口，小麦就不会跑出来了！"哲哲说："是啊是啊，可是我们的手太小了，一个人捂不住罐子口，我们请老师帮助我们一起捂住，这样就行了！""对啊，因为老师的手大，可以和我的手一起捂住，不信你们来看，小麦真的没有蹦出来。"就这样，经过多次的尝试，小朋友终于找到了小麦不"蹦"出器皿的好办法，解决了小麦从器皿中"蹦"出来这个问题。

图 8-44

（本案例由北京市朝阳区康泉新城幼儿园　赵欣　董月提供）

中班集体项目活动"快速分离混合粗粮"

【课程由来】

幼儿园刚送来的红豆和小米在运送到楼道的过程中袋子破了，小朋友们从户外回来正好经过，看到这一幕，大家一起帮忙收拾。唱唱说："哎呀！这些都混在一起了。"一位厨房阿姨说："你们会把他们快速分开么？"笑笑想了想说："我可以试试。"说着，其他小朋友也积极回应着："我也可以。"就这样，分离混合粗粮的活动任务就在班级中开始啦！

【活动目标】

1. 能够通过小组讨论、动手操作等方式完成分离混合粗粮的任务。

2. 敢于反复尝试，直至找到最适宜的分离粗粮工具。

3. 在分离混合粗粮的过程中，能发现快速分离混合粗粮与工具的选择、工具上孔的大小以及孔的位置有关系。

【活动重难点】

活动重点：能够通过小组讨论、动手操作等方式完成分离混合粗粮的任务。

活动难点：发现设计的问题，并用集体讨论、尝试等方式解决问题。

【活动准备】

经验准备：见过各种工具，知道这些工具原本的用途。

物质准备：

1. 幼儿在家（生活中）寻找的工具：镊子、实验用勺、带孔的塑料筐、玩具蛋、网兜、玩具密孔筛等工具。

2. 混合的红豆与小米每组一份。

3. 蓝色实验碗每人一个。

【活动过程】

一、导入环节

1. 回忆厨房阿姨预留的分离粗粮的任务。

教师：送来幼儿园厨房的红豆和小米袋子破了，两种粗粮混合在了一起，厨房的阿姨们想请你们帮忙分离两种粗粮，你们都准备了什么工具？

2. 介绍自己在生活中寻找到的分离工具。鼓励幼儿大胆回答并讲述原因。

教师：为什么选择这个工具？

图 8-45　混合粗粮

图 8-46　幼儿从生活中收集的工具

二、基本环节

1. 引导幼儿猜想。

教师：你觉得你们组哪种工具会快速分离混合的粗粮？为什么？

2. 幼儿动手尝试。根据幼儿动手尝试中出现的问题鼓励同伴间相互解决或讨论解决。

图 8-47　幼儿用自己带来的工具动手尝试分离混合的粗粮

3.再次尝试，探索工具上孔的位置以及孔的大小与分离的关系。

教师引导幼儿根据问题思考：

（1）"多大的孔合适呢？为什么？"

（2）"孔在哪里更合适？"

小结：孔在底部最合适。孔要比小米大，太小的孔，漏不下小米，还是不能把它们分离。

（3）对幼儿积极思考并成功尝试解决的办法进行肯定。

图 8-48　幼儿根据不同材料特性进行选择实验

（4）实验后的分享：

教师：通过实验，你觉得什么样的工具更适合快速分离红豆和小米？

幼儿根据自己的实际情况回答。

小结：能够快速分离混合粗粮与工具的选择、工具上孔的位置以及孔的大小有关系。

三、结束环节

1.给食堂阿姨送粮食。

2.向食堂阿姨介绍快速分离粮食的方法。

四、延伸环节

鼓励幼儿继续探索不同的工具分离混合粗粮，尝试小组合作制作工具。

【活动反思】

本项目任务在于分组探索分离不同粗粮的方法，完成分离工具的选择，从而解决厨房的红豆和小米袋子破了，两种粗粮混合在一起的情况。本次活动的设计是基于真实的任务情境，结合幼儿的兴趣和需要，因此，本项目具有突出特性是生成性。通过幼儿自主选择工具，大胆尝试、认真观察、动手实验、积极交流等方式，将混合的粗粮（红豆和小米）成功分离。在此过程中，幼儿感受到不同工具的特性。在选择和使用工具的过程中，通过实践、对比观察、动手探究发现快速分离混合粗粮适宜的工具——要选择有孔的，且工具上孔的位置在下面，孔的大小只比小米大一些的工具最合适分离混合的红豆和小米。在既定材料的情况下，幼儿通过尝试进行配合加快分离粮食的速度。从而完成本次活动目标。

活动过程中，教师通开放性提问给予关键支撑，引发幼儿思考。比如，"哪种工具会快速分离混合的粗粮？为什么？""多大的孔合适呢？""孔在哪里更合适？"这些有目的的提问或追问激发幼儿的探究兴趣，帮助他们找到解决问题的方法。还有，通过材料支持帮助幼儿形成经验连接转化。通过投放选择镊子、网兜、各种箩筐等工具，使幼儿充分调动科学、数学、技术等多方面的知识经验，完成项目任务。最后，通过给食堂阿姨送粗粮，提升幼儿完成项目的成就感。

【活动案例】

　　使用网兜的小组发现红豆和小米全都漏下去了。瑞瑞说："我的网兜也有孔，但是粗粮全都漏下去了。"张张说："你的孔太大了。"嘉嘉说："是的，孔要小一点，还是小孔的筐合适。"见此，我问道："多大的孔合适呢？"嘉嘉说："我觉得比小米大的就行。""为什么呢？"我追问。果果说："因为太小的孔，漏不下小米，还是不能把它们分离。"尝试使用筐的诺诺有些无奈地说道："我的孔在两边，分离时得左右摇晃，最后底部还是有一点小米。"小雪说："那你只能用手把红豆捡出来。"诺诺尝试了一会儿，说："用手捡太慢了。""孔在哪里更合适？"我轻声问道。诺诺回答道："还是底部有孔的筐好用。"这边问题刚刚得到解决，另一组的凯凯就发来请求消息："谁来和我一起弄？"原来是因为每组只有一个筐，只有一个人在分离，速度太慢了。叶子说："我有小勺子，我用勺子帮你舀，放进你的小筐里。"小盒子说："我的玩具蛋可以当个勺子，我也来帮你舀粗粮吧！"明语说："我的网兜不合适，我可以用手抓红豆和小米。"说着其他组的小朋友们也效仿起来，很快，混合的粗粮被机智有爱的小朋友们成功分离开了。

（本案例由北京市朝阳区康泉新城幼儿园　程丽超提供）

第三节　STEAM 教育理念下的大班集体教育项目活动设计与实施案例

大班集体项目活动 "设计城市立交桥"

【课程由来】

城市立交桥是幼儿在日常生活中常见的事物，也具有对称、立体等几何美。大班幼儿已经开始具有抽象逻辑思维的萌芽，对简单的几何、图形有了一定的认识与经验。开展 "设计城市立交桥" 活动符合大班幼儿具有抽象逻辑思维萌芽的特点，让幼儿了解立交桥的特点，感受与欣赏立交桥的各种各样的美，提高感受美和欣赏美的能力；尝试用自己的方式进行绘画与设计自己心目中的立交桥，提高创作美的能力。

【活动目标】

1. 积极参与欣赏与交流城市的立交桥，感受与发现立交桥设计的美，体验亲自动手用绘画的方式创作立交桥的乐趣。

2. 能尝试利用曲线和直线的穿插进行构图，创造性地设计一座自己喜欢的城市立交桥。

3. 通过欣赏、交流，从不同角度、不同面了解立交桥层层叠加、平面分离、立体交叉等结构特点，知道有 Y 形、T 形、十字形等不同类型的立交桥。

【活动重难点】

活动重点：感受与发现立交桥的设计美，能尝试利用曲线和直线的穿插进行构图，设计一座自己喜欢的城市立交桥。

活动难点：运用自然的线条将立交桥层层叠加、平面分离、立体交叉等结构特点表现出来。

【活动准备】

经验准备：幼儿在日常生活中见过立交桥，了解立交桥的基本形式及基本构造。

物质准备：

1. 材料类：水彩笔、画纸。

2. 多媒体类：城市立交桥 PPT、城市立交桥图片、立交桥儿童画图片。

【活动过程】

一、导入环节

1. 回顾城市立交桥的美

教师：小朋友们，你们在哪里见过立交桥呢？你见过的立交桥是什么样子的呢？

2. 播放 PPT，欣赏城市立交桥，感受与发现多种形式的城市立交桥

教师：老师今天带来了很多的城市立交桥的照片，我们一起来看一看。（连续播放不同角度拍摄的各种各样的城市立交桥的照片）

教师：你们看到了什么样的城市立交桥呢，这些立交桥都有什么特点呢？

二、基本环节

（一）幼儿探索方法，教师提示操作要求

欣赏城市立交桥的造型美和形式美

（1）幼儿叙述对画面的第一感受

教师：小朋友们，刚刚我们浏览了那么多城市立交桥的照片，从各个角度了解了立交桥的样子，也发现了原来立交桥有这么多的类型。看到这么多的各种各样的立交桥，你有什么感觉呢？

（2）对造型的观察

教师：现在我们来仔细看看，其中一幅立交桥的照片，你们来说一说，这座立交桥是什么样子的呢？像什么呢？（鼓励幼儿用自己的视角欣赏立交桥的立体、交叉、对称等方面的造型美，用联想的方法整体欣赏立交桥的造型美感）

图 8–49

（3）对构图的观察

教师：立交桥是城市非常重要的交通设施，我们每个小朋友都可以把自己心目中的立交桥画出来。在画之前呢，我们小朋友可以先去看一幅立交桥的画，大家仔细观察一下这幅图里都有什么呢?

图 8-50

（4）对线条的观察

教师：小朋友们，你们看这幅作品里的立交桥都有什么样子的线条呢?（引导幼儿思考与观察，可以用直线、弯曲的线、断断续续的线、粗粗的线、细细的线、不同颜色的线等等来画立交桥）

教师：这幅作品里的立交桥相互交叉的地方有什么特点呢?（引导幼儿思考与发现，在相互叠加的地方，可以不画下面一层路线，体现遮挡的感觉）

教师：这幅画是怎么体现立交桥远处的地方和近处的地方的呢?（引导幼儿思考远处可以画小一点，近处可以画大一些）

教师：你们喜欢这幅画吗?为什么?（引导幼儿体验与表达作品带给自己的直观感受，敢于表达自己是否喜欢这幅画，并能说出自己的理由）

（二）出示材料，并提示操作步骤及操作要求

1.出示水彩笔、画纸等材料

教师：今天老师带来了一些材料，我们一起来看看都有什么?

2.探索如何画出立交桥。

（三）幼儿创作，教师巡回辅导

1.引导幼儿布局合理，有顺序有条理地绘画出不同形式的立交桥，引导幼儿观察与发挥想象力。

2.教师巡回指导，根据幼儿实际作画情况，引导幼儿思考想画什么形式的立交桥，添画什么背景。

3.通过启发式提问、讨论、欣赏与榜样示范法，激发幼儿的想象力，自由创作自己心中的立交桥。

4.鼓励幼儿在绘画好立交桥后，添加其他场景元素，例如蓝天、白云、高楼、车辆，等等。

图 8–51

三、结束部分——展示作品，分享经验

教师：老师看到了各种各样的立交桥，有蝴蝶形状的立交桥、有圆形的立交桥，谁愿意来分享一下自己的作品，你画了什么样子的立交桥呢？

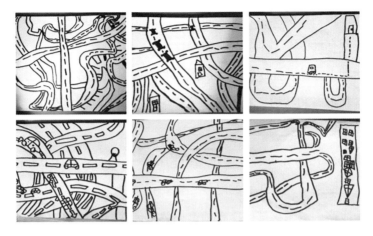

图 8-52

四、活动延伸

1. 鼓励幼儿与家长共同查阅资料，阅读立交桥相关的绘本或其他类型的资料，了解立交桥的功能、各种各样类型的立交桥、世界有名的立交桥等等。

2. 活动延伸至美工区，在美工区投放不同的材料与工具及不同的《立交桥》作品或照片，丰富幼儿的欣赏经验，给幼儿创作的空间。鼓励幼儿尝试运用不同的材料创作立交桥（手工、剪纸、泥工等多种方式）。

3. 活动还可以延伸至建筑区，鼓励幼儿在建筑区运用架空、拼接、延伸等搭建技能进行搭建立交桥。

【活动反思】

在活动中，教师通过 PPT，让幼儿观察生活中立交桥的多种样子，了解城市立交桥的用途，通过对比的形式，让幼儿了解立交桥的不同结构，层层叠加、平行分离和立体交叉的结构特点。观察图片，了解立交桥的不同形态的美。观察示范画，了解在绘画过程中运用到不同的线条，进行组合出立交桥，在绘画中，立交桥的布局和整个画面的关系，在整个活动中，完成所有目标。

在活动中，幼儿能跟随教师的提问和课件、图片等内容，逐步了解立交桥的各种形态和结构、遮挡关系等，帮助幼儿在绘画过程中，更好地创作自己的立交桥。

大部分幼儿能够了解立交桥的结构特点，比如幼儿先画第一层的路线，在进行绘画第二条线路的时候，就要有遮挡的关系，可以用曲线进行第二层的线路，运用孩子们熟悉的遮挡关系体现层层叠加的效果，在形态上，幼儿了解的经验相关，体现出的效果不佳，教师对形态的内容上可以多让幼儿观察和了解，帮助幼儿更好地完成作品。

【活动案例】

我向小朋友们展示一张城市立交桥的图片，问："你们在这幅图中，看到了什么结构？或者，也可以说一说这个立交桥是什么样子的？"文艺说："它的形状像一只蝴蝶。"我问："你从哪里看出它像蝴蝶的？"文艺用手指着几个圆圈的地方说："这个像蝴蝶的翅膀，"又指着长长的一条线，说："这是它的触角。"我引导孩子们继续想象："其他小朋友还有不一样的想法吗？有没有和文艺观察的不一样的？"卷卷说："我觉得它像一朵小花儿。"我说："你看出的形状像一朵小花儿，那你能给小朋友们指一指吗？"卷卷用手指着图片，描画着小花儿的样子。

我说："刚才小朋友们介绍了它的形状，立交桥有各种各样的形态，像小动物的，像植物的等等，谁来说一说，除了形状、结构上的不一样，还有什么不一样的地方么？"浩浩说："这个一层，然后下面这里还有一层，然后还有这个花的形状是第三层，是层层叠加的，"又指了指旁边，"这个也是层层叠加的"。我说："还有没有小朋友说一说，和他不一样的结构？"

润宝说："这个路分开走了，在一个平面上。"

我拿出另一张图片，问："这张图片中的立交桥，这些桥都是由什么线条组成的？你怎么能看出它是层层叠加的呢？我们在绘画的过程中，怎么可以给它们绘画出这种效果呢？我们先看这幅图，都有什么样的线呢？"卷卷说："你看，（他指着图片）这里有直线，然后这里是弯弯的线，然后一层一层地画。"我说："刚才卷卷发现（教师指着图片）最上面的马路是直直的，然后第二条弯弯的，这个叫作曲线，是由很多直线和曲线画出这种层层叠加的效果，那小朋友们，怎么画直线和曲线就能看出分层呢？"米和说："可以画下一层的时候，绕过它，不能把线直接画过去。"我说："比如，我画最上面的马路，是一条直直的马路，那第二层的马路是一条曲线，我在画和最上面一条马路交叉的地方的时候，可以跳过它。"

我鼓励孩子们继续想："接下来，请小朋友们先想一想，然后绘画自己设计的立交桥的样子。"

（本案例由北京市朝阳区丽景幼儿园　王岩　李俊提供）

大班集体项目活动 "漂亮的冰灯"

【课程由来】

在迎接新年活动中班级幼儿一起制作了新年花灯，有一名幼儿说到自己去延庆还看过冰灯呢，可好看了！这一话题引发了孩子们的讨论，有幼儿提出想要制作漂亮的冰灯来迎接新年。于是关于了解和制作冰灯活动开始了，班级幼儿分组用绘画的形式对冰灯进行设计并记录，小组一起讨论和预设了在材料投放中会发生的问题，并且有了一个初步的解决方法。本次活动幼儿根据设计表分组制作冰灯，通过项目活动 "漂亮的冰灯" 提升发现问题和以讨论的方式解决问题的能力。

【活动目标】

1. 明确并完成制作"碗状"容器，完成冻冰块的任务。

2. 在小组合作中发现制作过程中的问题，并通过协商、更换材料等方式解决问题。

3. 乐于参与活动，体验实现自己设计的成就感。

【活动重难点】

活动重点：通过小组合作，发现和解决问题，完成制作"碗状"容器的任务。

活动难点：通过讨论和观察，在活动中选择和改进材料。

【活动准备】

经验准备：了解过冰灯的样子、以小组形式进行了前期设计。

物质准备：冰灯设计图，各种形状、质量和体积的容器，绳子，剪刀，胶水，颜料等美工用品。

【活动过程】

一、导入环节

1. 出示冰灯图片和设计图帮助幼儿回顾本组的设计。

（1）你们组设计的是什么样的冰灯？

（2）冰灯与冰花的区别是什么？

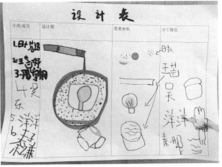

图 8-53   图 8-54

冰灯在冻的过程中需要留出一个洞，可以放灯泡；需要有绳子和杆子去做冰灯的提手。

2.提出任务：今天我们的任务是制作"碗状"冰灯。

二、基本环节

1.小组根据自己的设计图进行组员分工和制作，教师巡回指导。

图 8-55   图 8-56

2.讨论与分享：

（1）你是怎样制作的，选择什么材料，为什么？

（2）遇到什么问题，如何解决的？

图 8-57

3. 幼儿到户外冻冰灯。

结束环节：

1. 通过视频的方式帮助幼儿回顾梳理经验。

2. 肯定幼儿在活动中的表现，帮助幼儿获得实现自己设计的成就感。

延伸环节：

1. 冻好后，幼儿探索将冻出的冰灯从容器中取出的方法。

2. 观察发现冰灯的问题，进一步尝试解决问题。

【活动反思】

项目活动源于幼儿对于季节的感知和前期冻冰花的经验，具有一定的生成性。本节活动重点是通过小组合作，发现和解决问题，最终完成制作"碗状"冰灯的任务。在探索过程中，幼儿商讨最多的问题是材料的选择和利用，以及在改进材料过程中发现的问题和想到的解决办法，这是本节活动的难点。

教师采用以下几个策略实现目标，突破难点：首先，提供丰富的材料，满足幼儿设计，供其选择。教师提供的材料体现出低结构特性，可以供幼儿改造和利用，在过程中发挥幼儿创造力。其次，通过有目的的提问引导幼儿发现问题，引发幼儿对问题的思考，在搭建、连接材料过程中，幼儿出现很多问题，教师通过让幼儿试误来认识的问题，并逐步下放提问，一步步引导幼儿找到合理的解决方法，教师对幼儿不能意识到的问题不强行解释，给予后续探索的机会。还有，通过集体商讨、分享的方式帮助幼儿梳理经验，学会制作冻冰灯的碗状容器。

活动具有很强的生成性，需要教师根据幼儿表现和行为进行分析、指导，对教师教育智慧有较高的要求。总体来看，活动目标达成度比较高，幼儿能在动手探索过程中习得关键经验。

【活动案例】

开始进行操作了，淘淘组设计了长方形的冰灯，于是他们找来长方形容器和一个塑料小盒子。倒上水之后，发现塑料小盒子总是漂在水面上，需要用手摁住才能冻出一个放灯泡的地方。"可是也不能一直摁着呀？"他提出了新问题。于是孩子们说："塑料盒子太轻了，我们往里面放一些东西，它就不会浮上来了。"他们放入一些拼插玩具，眼看都把小盒子放满了还是没有解决问题。这时子豪从角色区拿来一个陶瓷小罐子，果然能够沉下去一点点，孩子们看到希望了，开始欢呼。

可是问题很快出现了，陶瓷小罐子开始在里面晃动了。怎么固定住呢？有的孩子说，可以用手扶住。可是手扶住太累了！于是这个想法被否定了。这时，林林拿来了绳子，想把陶瓷小罐子通过绳子牵引固定到长方形容器中间，孩子们开始合作捆绑并且拿胶带固定，制作完成了"碗状"容器。

（本案例由北京市朝阳区丽景幼儿园　隋超　张梦迪　王玉茜提供）

大班集体项目活动"小小运输员"

【课程由来】

一天在户外活动时，孩子们看到师傅正在搬运种植的土，就提出要帮助师傅一起搬，尝试了搬、拖、拉等方法都失败了。回班之后，大家还在热烈地讨论着怎么能搬运这些土。听了他们的谈话，我也在想如何将孩子这种好奇心保持下去，真的能够去验证一下，在玩的过程中解决省时省力移动重物的问题。于是结合幼儿的兴趣点以及生活中出现的真实问题，开展了本次活动。

【活动目标】

1. 大胆探究移动重物的方法，在体验分享中获得经验。
2. 能够找到省时省力的运输工具，并能分析其原因。
3. 在探究中能与他人合作，体验操作中的乐趣。

【活动重难点】

活动重点：大胆探究移动重物的方法，在体验分享中获得经验。

活动难点：能够找到省时省力的运输工具，并能分析其原因。

【活动准备】

经验准备：能较熟练骑各种各样的小车、知道每种小车的特点。

物质准备：运输重物的工具（各种小车）、若干袋土、各种小车、箭头、路线标识、记录纸、桌椅、笔。

【活动过程】

一、导入环节：提出问题，激发幼儿搬运重物的兴趣

教师：前两天，我们在操场游戏的时候，看到师傅在搬运种植的土，大家都很想帮忙。今天又有一些土需要搬运，你们有信心帮助师傅完成吗？

图 8-58　导入环节，激发幼儿搬运重物的兴趣

二、基本环节

（一）感知体验

通过看、摸、体验等多种形式感知土的重量，尝试将种植土搬运到指定位置。

1. 交代任务，清楚运输路线

师：今天我们当小小运输工，帮助师傅把这些种植土按照箭头的指示路线，运到幼儿园门口的小仓库。（听到音乐回到起点）

2. 幼儿尝试搬运种植土

（1）师：刚刚运土你们成功了吗？为什么？

（2）师：在搬运这些土时你有什么感受？

（3）师：怎么能够省些力气呢？

图 8-59　幼儿初次尝试搬运种植土　　　图 8-60　幼儿分享搬运后的感受

（二）深入探究

探究各种小车运输重物的适宜性，找到省力省时的运输工具与方式。

1. 猜想并验证哪种小车能够运输种植土

（1）师：小朋友对操场上的三种小车都非常熟悉了，你觉得哪种小车能够帮你节省力气，并能快速运完土？

（2）师：现在小朋友可以去试一试你的猜想是否正确。

（3）幼儿分享验证后的结果，并简述操作过程中的感受与新发现。

图 8-61　幼儿验证用小车运输种植土

2. 寻找最适宜的运输小车

（1）师：你觉得哪种小车运输土是最省力气的？为什么？请你再去试一试？

（2）幼儿分享尝试后的结果并说明理由。

3. 省时省力快速运完余下的种植土

（1）师：刚刚我们找到了最适合自己的运输的小车。现在我们马上要做操了，我们得加快速度，怎样才能更快更省力地运完余下的种植土呢？

（2）幼儿用自己认为最省时省力、快速的方法将余下的土运完。

图 8-62　幼儿尝试省时省力快速运完种植土

三、结束环节

（一）交流分享自己在探索最省时省力的运输工具中遇到的问题和新发现

1. 师：你是怎样将余下的土快速运完的？有什么感受？

2. 师：你在运输的过程中遇到了什么问题？怎样解决的？

3. 师：你还有什么新发现或者想要和大家分享的？

小结：今天我们不但发现借助工具能更加省时省力运输重物，遇到困难不放弃，积极动脑动手解决，还不怕累，学会与同伴合作，特别棒。快给自己拍拍手，再给同伴一个拥抱。

（二）活动自然结束

师：我们现在已经把所有的种植土都运完了，我们快把这个消息告诉师傅吧。

【活动反思】

目标达成度较好，达到了活动重点，突破了难点。幼儿在活动中积极主动，乐于参与。能够大胆探究移动重物的方法，乐于分享自己的新发现，并能在实际操作和亲身体验中找到能够省时省力的运输工具，遇到困难也能借鉴同伴经验加以调整，坚持不懈，感受到同伴合作的重要性与乐趣。

教学方法灵活多样，帮助幼儿梳理新经验。本节活动注重培养幼儿合作学习的意识和能力，鼓励幼儿用多种形式、表现、分享探索的过程和结果，从中获得自豪感。分享的方法灵活、多样。例如：当幼儿表述不清时，请幼儿进行演示，让其更直观地看到，加深理解。

活动环节设计循序渐进，富有挑战性，激发幼儿解决问题的能力。本节活动一共有三次探索搬运重物的过程，分别解决省力、省时、省力又省时三个问题，环节设计层层递进，逐步引导幼儿在一次次的探索中找到如何移动的方法，突破难点。每个环节的指导语使用自然、恰当。适时利用激励性语言，鼓励幼儿不断想办法解决遇到的问题。充分自主探究和调整的空间，鼓励幼儿将新方法运用到游戏中，从而获得成功体验。

【活动案例】

经过两次的体验与探究，孩子们发现带斗的三轮车是最适合运输种植土的工具。于是，他们开始合作用三轮车将余下的种植土全部运完。灿灿是一个人一次运一袋，齐齐则是和她的三个朋友一起，一次运了四袋土。齐齐说："灿灿，你应该找个朋友帮你一起运，你看我们能一次运四袋呢，这样多快呀。""虽然我运得少，但是我速度快。"灿灿回应道。"你速度再快，也不能追上我们四个人运的吧，有人帮你推车还省力气。""我觉得你们也不快呀，你看你们上坡时，然然都没地方站，你们人太多了。"我也说道："灿灿说的问题我也发现了，虽然你们运的土很多，有人帮忙推车也很节省力气，但是上坡的时候确实很拥挤，那到底几个人合作才最适合呢？"听了我的话。齐齐请然然和妙妙去帮助灿灿，只留下梦梦来帮助自己。当他们再次运土时，灿灿和他的同伴一次运了四袋土，而且很顺利地完成了上坡，齐齐和梦梦也运了四袋土，但在装车和上坡时都遇到了一些问题。"灿灿，这次运土你感觉怎么样？""特别快，而且感觉很轻松。"灿灿露着牙齿，一边说一边挥舞着双手。""齐齐呢？"齐齐皱着眉，手叉着腰说："两个人不行，我们在装车时车子没人固定，总是跑。在上坡时一个人帮忙也推不动。还是三个人最合适。""那三个人怎么配合更好？"我继续追问。"装车时一个人坐在车上固定车，另外两个人装车，运输时，一个人骑车，另外两个人在两侧推车，这样最省劲儿。"大家异口同声地说。"为什么推车的人要在两侧，在中间不行吗？""当然不行啊！在两侧可以保持车子的平衡和方向，中间容易让车跑偏。"然然抱着手，歪着头说道。其他小朋友也都点头表示同意。

（本案例由北京市朝阳区康泉新城幼儿园 赵婷提供）

大班集体项目活动 "污水变干净啦"

【课程由来】

由于天气寒冷，幼儿园所在小区的地下水管爆裂，导致幼儿园与所在小区停水 2 天。当水管修好后，孩子们在家中发现先流出来的自来水是浑浊的、黄黄的。他们便在班级中围绕水变脏了进行了交流与谈话，洋洋说："我家的自来水变得黄黄的了。"乐乐说："我看到流出来的脏水中有很多颗粒的脏东西"，奇奇说："这些脏脏的水我们也不能喝，这样哗哗地流多浪费呀？"西西说："我们能不能把脏水变干净给植物浇水用呢？"基于此事件，孩子们萌发了想要把"污水变干净"的想法，于是一场"如何将脏的水变干净"的活动就开始了。

【活动目标】

1. 能够通过小组讨论、动手操作等方式完成净水器的制作。

2. 能够选取多种材料制作净水器，并在实验过程中反复尝试选择最适宜的材料过滤污水。

3. 能按照设计图纸制作净水器并进行测试、通过不断优化完成净水器，发现过滤材料的特性及污水净化程度之间的关系。

【活动重难点】

活动重点：能够选取多种材料制作净水器，并在实验过程中反复尝试选择最适宜的材料过滤污水。

活动难点：发现设计的问题，并用集体讨论、尝试等方式解决问题。

【活动准备】

经验准备：活动前期家园共育、教师分享等活动帮助幼儿了解生活垃圾、工业垃圾、化学垃圾等都会污染我们的水资源。

物质准备：不同规格大小的瓶子、大石子、小石子、粗沙、细沙、棉花、海绵块、纱网、纱巾布、布条、布块、水盆、一盆浑浊的水。

【活动过程】

一、导入环节

1.了解污水处理的方法，激发对制作污水处理器的兴趣。

教师：前几天，通过我们的调查，了解了污水形成的原因和污水处理的流程。

交流分享：

教师：水污染是如何形成的？

教师：污水处理厂是如何净化污水的？

教师：污水处理后能给我们生活带来什么好处？

图 8-63　幼儿与同伴分享调查表　　　图 8-64　幼儿介绍自己的发现

二、基本环节

1. 设计污水处理器

教师：污水处理器都有哪些部分组成？（过滤污水的容器、过滤的材料、盛净化后的干净水的容器等）

教师：你可以设计一个污水处理器吗？请你尝试着绘出污水处理器的设计图吧！

图 8-65　幼儿设计的污水处理器图纸

2. 制作污水处理器

（1）幼儿自选制作污水处理器的材料。

教师：你需要哪些材料制作净化器？为什么选择这些材料？

（2）幼儿根据自己的设计图，制作污水处理器。

（3）教师巡回指导。

教师巡回指导过程中，关注幼儿操作中遇到的问题，鼓励幼儿查找问题的原因，并再次尝试调整自己的设计。

（4）分享交流。

教师：你在制作污水净化器时遇到了哪些问题？

图 8-66 幼儿寻找到的材料

图 8-67 开始制作污水处理器

教师：为什么有人将过滤材料放入过滤容器中却洒落出来了？如何改进？

教师：有的小组过滤出来的水还是很浑浊，你们觉得是哪个环节出了问题呢？

（5）调整净水器并填写记录实验表。

教师：请你们把实验的过程和结果记录下来吧！

图 8-68 幼儿发现过滤问题

三、结束环节

1. 分享污水处理器及记录表。

2. 利用净化后的水浇灌植物。

图 8-69 展示污水处理器

图 8-70 利用过滤的水浇植物

四、延伸环节

鼓励幼儿继续探索不同的污水处理器，并尝试小组合作制作工具。

【活动反思】

本次项目活动来源于幼儿生活所经历的事件生成的，旨在将实际生活中的问题在项目中进行尝试动手操作解决。通过对污水形成原因的调查、多种渠道了解污水处理的方法及自己动手操作制作污水净化器的过程，幼儿能够设计简单的污水净化器，并选取多种材料制作净水器，并在实验过程中选择出最适宜的材料过滤污水，能够发现过滤材料的特性及污水净化程度之间的关系，不断按照设计图纸制作净水器并进行测试，通过不断优化完成净水器。

从设计污水净化器到制作完成项目的过程中，教师充分给予幼儿自主完成项目的空间和自由，最大程度地予以肯定、支持，肯定每一名"工程设计师"的污水处理器设计稿，在材料方面提供尽可能多的、不同材质、不同质地的净水材料供幼儿自主选择，当幼儿遇到问题时，教师不会第一时间帮助解决问题，而是利用反问的方式激发幼儿自主反思、自主解决项目中出现的问题。

通过本次项目，幼儿能够从中获取收集有效信息的能力。通过了解净水器的简单构造后，幼儿能够设计自己心中的净水器并利用自己的"技术"进行制作，体验到完成污水净化器项目的乐趣。

【活动案例】

在制作污水净化器的过程中，辰辰和洋洋两个人自由组合为一组动手制作他们的净水器。当他们把选好的过滤材料放进净水容器内，辰辰扶着做好的净水器，洋洋负责把净水器底部的瓶盖摘下，就在这时瓶子里的过滤材料"沙子"全都漏了出来，洋洋连忙用手堵住出水口，皱着眉头地说："呀，怎么沙子漏出来了啊？"此时，我走上前询问："你们遇到了什么问题吗？"辰辰说："我们打开盖子以后沙子都漏出来了。"我说："那你们是哪个环节出问题了？"洋洋说："看来是我们不应该放沙子，沙子太小了。"辰辰反驳道："可是，我看之前视频里的净水器里就有放沙子啊！"他们两个为此争论着，我说："你们想一个既能让沙子成为过滤材料，又能让沙子不漏出来的方法吧！"辰辰看着失败的净化器说："我有办法了，先把其他的过滤材料放进去，最后再放沙子，这样沙子就流不出来了吧！"洋洋说："我们要不试试。"于是，两个人重新把过滤材料调整顺序放进了净化器容器里，再拧开出水口后只有流出的"净化水"没有其他的过滤材料漏出来了。他们两个拍手叫喊："污水变干净啦！"

（本案例由北京市朝阳区康泉新城幼儿园　唐洪园提供）

大班集体项目活动 "蜗牛保温箱"

【课程由来】

一次餐前游戏环节，有的小朋友突然发现植物角的小蜗牛都蜷缩在自己的壳子里面，孩子们尝试用食指小心翼翼地摸了摸小蜗牛的头，只见它依旧没有探出脑袋来。正一神色紧张地大喊起来："小蜗牛怎么不动了？小蜗牛是不是冻死了？"经过孩子们热闹的讨论，并萌发想给蜗牛洗澡的想法。珺珺说："小蜗牛没有冻死，它只是在冬眠！要不然我们给它洗澡试一试？"康康说："洗完澡以后，小蜗牛要是活着还是会冷的，现在蜗牛居住的环境太单薄了。"正一说："那我们可以给小蜗牛做一个保温的房子呀！这样小蜗牛就不会冷了。"康康说："这么多只蜗牛，要做多大的房子呢？做几个呢？"孩子们开心地讨论着："我们可以小组制作不同的房子，这样小蜗牛就都可以住进来了。"

亲近自然是幼儿的天性，而动物是大自然中最具生命气息、也最易于吸引幼儿。偶发的活动是幼儿自发产生的，活动具体强烈的内在探索动机，拓展幼儿的内在潜力与创造能力。结合大班幼儿目的性、计划性较强，并基于孩子们的兴趣与需要，班级开展了"蜗牛保温箱"这一项目活动。

【活动目标】

1.通过动手制作、分享过程中体验小组合作完成的成就感。

2.能运用多种方法、多种材料创造性地合作完成保温箱的制作。

3.坚持自己的材料选择，发现问题时，敢于反复尝试并小组讨论解决问题。

【活动重难点】

活动重点：能运用多种方法、多种材料创造性地合作完成保温箱的制作。

活动难点：发现设计的问题，并用集体讨论、反复尝试等方式解决问题。

【活动准备】

经验准备：幼儿在生活中见过保温箱的样子，并了解它的用途。

物质准备：布料、废旧衣服、气泡膜、泡沫箱、剪刀、胶条等工具。

【活动过程】

一、导入环节

观察蜗牛居住的现有房子，发现问题，激发幼儿参与活动的兴趣。

教师：通过小朋友给蜗牛洗澡后，发现蜗牛现在居住的房子是什么样子的？你有什么感受？

教师：小组讨论，什么样的房子才会更保暖？需要哪些材料？

图 8-71　同伴合作给小蜗牛洗澡　　　图 8-72　观察蜗牛现居住的房子

二、基本环节

小组讨论携带材料的种类，交流并制作保温箱的方法。

（1）教师：你带来的材料是什么样子的？它是什么材质？

（2）讨论制作保温箱的方法。

图 8-73　小组讨论材料的种类

教师：如果让你们来设计，你们想怎么设计？用哪种材料去制作？引导幼儿进行大胆想象、构思。

（3）小组进行制作，发现问题，并通过协商尝试解决。

教师：你们需要多大尺寸的材料？

教师：如果有些材料不方便剪裁，还怎么去制作？引导幼儿发现问题后，尝试多种方法解决。

教师：保温箱制作成功了，什么样的材料还能让它变得更漂亮一些？鼓励幼儿大胆想象，设计不同款式的保温箱，并充分使用各种材料进行装饰。

图 8-74　使用气泡膜制作　　　　图 8-75　小组共同测量、剪裁布料

三、结束环节

保温箱展示交流会，引导小组进行欣赏和介绍，回顾自己的制作过程。

（1）教师：你的保温箱制作成功了吗？在制作过程中遇到哪些问题？你们是怎么解决的？

（2）小组制作的保温箱都是什么样子的？你有哪些发现？

（3）小组合作，一起把蜗牛保温箱护送回家。

图 8-76　小组分享展示蜗牛保温箱

四、延伸环节

鼓励幼儿继续尝试不同的方法进行创作，小组设计制作图纸并完成制作。

【活动反思】

本项目来源一次偶然的过渡环节，生成了此次蜗牛保温箱的制作活动。幼儿在前期的准备过程中是兴奋的、手舞足蹈的，从材料的选择、保温箱的样式、制作方法等，老师充分支持了孩子们的兴趣与意愿。在制作过程中，幼儿遇到了问题：小组携带的材料不方便保温箱的制作怎么办？通过教师的语言引导以及小组自发地讨论协商，能够在制作过程中，生成新的活动；替换一种方式去制作，运用了多种工具，充分提升了幼儿的创造力与思维能力。制作的过程体现了很好的学习机会，充分体现各个领域的渗透与整合。例如：在活动中探究材料的性质与用途，通过测量剪裁的材料的尺寸，在制作保温箱过程中发现问题学会同伴交流、并尊重他人的想法，大胆使用利用多种材料进行制作等。

在项目实施过程中，幼儿自主分工、自主活动、自主表达、自由创造、相互交流与持续地探索等特点和优势，是游戏化、自主化的优选形式。幼儿能够发现保温箱的特点，并根据材料的不同材质来进行制作。通过小组的同伴学习与合作，能够进行计划、协商。遇到问题时，也能通过协商共同解决问题，顺利完成保温箱的制作任务，最后小组合作运送蜗牛回家，获得一定的成功感。

【活动案例】

开心小组在使用气泡膜制作保温箱时遇到了问题：小组发现，泡沫膜并不方便剪裁。开心噘起嘴巴说："老师，这个气泡膜怎么这么难剪呀？难道是剪刀坏了吗？还是我的方法不对呢？我用了很大的力气还是没有办法把它给剪开。"我用鼓励的语气说："请你们想一想，除了用剪刀把它剪开，还有其他更好的方法吗？"只见开心小组的小朋友皱起了眉头，你看看我，我看看你，还是一脸的疑惑。我接着补充道："如果实在想不出来，你们小组可以讨论讨论呀。"这时，只见福宝大喊道："要不然我们可以不把气泡膜剪开，按照这个箱子的大小直接给它固定上是不是就可以了？"奇奇充满疑问并严肃地说："可是，我们没有固定的材料呀？什么能把它固定呢？"福宝想了一会儿接着兴奋地喊道："我们可以去美工区找找，有没有我们需要的材料。"这时宇宁发现，美工区有绳子和胶条，都是平常用到固定的工具。小组开始有序分工，有的小朋友使劲儿帮忙按住气泡膜，有的小朋友认真地负责撕开胶条，很快她们小组保温箱子就初见雏形了。但是好像还缺少点什么，因为开心小组小朋友发现保温箱上面除了气泡膜就是光秃秃的。接着开心两眼放光大喊："我带来的花朵衣服正好用来装饰了。"于是小组的成员们，又开始忙乎制作起来。不一会儿，漂亮的保温箱就制作成功了。

（本案例由北京市朝阳区康泉新城幼儿园　王梦琦　康京提供）

大班集体项目活动"谁能穿过管子"

【课程由来】

一天在午餐前洗手时，一位小朋友急忙告诉老师洗手池堵上了，水不能够很流畅地漏下去，其他幼儿很好奇地讨论起来，"为什么会堵塞呢？""是不是什么东西掉到水池下边的管道里了？水就不能流下去了"，

"有什么办法能疏通一下呢？小朋友洗手多不方便呀"。听了幼儿的讨论，我发现他们很关注这一突发事件，也很想解决这一问题，于是结合他们的兴趣点和实际问题，开展了此次探究活动。

【活动目标】

1. 对解决管道堵塞问题产生兴趣。

2. 探究并发现什么特点的物品能够穿越管子。

3. 能积极思考帮助物体穿过管子的方法，并用符号记录探究的过程和结果。

【活动重难点】

活动重点：能积极想办法帮助物品穿过管子。

活动难点：能用符号记录探究的过程和结果。

【活动准备】

经验准备：玩过管子游戏，知道固体、空气、声音、水可以穿过管子。

物质准备：

1. 透明直管分别固定在纸盒的两面，透明弯管固定在墙壁上，每位幼儿各一根、地垫。

2. 玩具盒、小绒球、大玩具球、小串珠、泡沫块、皱纹纸、毛根每位幼儿各一份。

3. 记录单、笔每位幼儿一份。

4. 打气筒、软金属线、筷子、毛根、吸管等及教室内的工具及材料。

5. 管道疏通方法的图片（PPT）。

【活动过程】

一、导入环节

结合生活中班级下水管堵塞的实际问题，引发探究兴趣。

1. 生活事件导入。

师：昨天我们班的洗手池堵住了，洗手的水下不去，你们猜一猜为什么会这样呢？

2. 幼儿结合经验进行猜测。

3. 师：怎样才能疏通管道呢？你们还有哪些和别人不一样的方法吗？

4. 幼儿交流能够让管道畅通的做法。

5. 师小结：我们班的下水管道有直的，有弯曲的，弯曲的管道更容易堵。如果有的物品不小心掉到水池里，我们想一些办法来帮助物品穿过管道。

二、基本环节

教师交代任务，解决问题，发现新问题，探究帮助物品穿过直管和弯管的方法，解决生活中的问题。

1. 教师出示直管及操作材料。（小绒球、大玩具球、小串珠、泡沫块、皱纹纸常见玩具材料）

师：小朋友们猜一猜这些东西，谁能穿过直管，谁不能？为什么？

师：小朋友都有自己的猜想，你们猜得到底对不对呢？小朋友们亲自试一试吧。

2. 介绍探究记录单。

师：小朋友看看这张管子游戏的记录单，上面有什么？试一试盒子里的每种材料，将能穿过的物品画在笑脸下面；不能穿过去的东西请你想想办法，帮帮它们，然后把你们的方法画在这个爱动脑筋的小朋友下面；没有办法穿过去的东西画在不高兴的脸下面。

谁能穿过管子？

姓名：

😁	 👨‍🎓👨	😖
	➡️	

图 8-77　幼儿探究记录单

3.探究谁能穿过直管和弯管。

（1）第一次探索：哪些物品能够穿过直管，以及疏通的方法。

①幼儿探究发现并记录探究结果

②集体交流，分享经验

师：刚才小朋友们玩了穿过直管的游戏，请小朋友说一说哪些材料能穿过管子，哪些不能。

师：为什么有的东西不能穿过直管？

师小结：原来，东西大小要与管口大小合适，才能穿过去。

师：那些不能穿过去的东西，你们想到好办法来帮助它们了吗？

师小结：原来，一些大的东西，只要能把它们分解变小、就可以穿过管子。

（2）第二次探索：疏通弯管的方法。

①出示弯管，提出探究任务

师：小朋友们看一看，这根管子和刚才的有什么不一样？

师：刚才小朋友想办法让小绒球、小串珠、泡沫块、皱纹纸、毛根从直管中穿过去了，那么它们能穿过这根弯管吗？

师：请小朋友亲自试一试，想办法让这些东西穿过弯管。

②幼儿探索让物品穿过弯管的办法，教师提示幼儿可到活动区中寻找辅助材料或工具

③分享交流疏通弯管的方法

师：哪位小朋友愿意跟大家介绍一下你们在游戏中的发现？为什么选择 xx 来帮忙呢？

师：看来要选择软的、能变形的工具才能帮上忙。

师：小朋友们能想到以前玩游戏时的经验，利用空气疏通管道。

师：水能通过管道，利用它的力量来疏通，这个办法也很好。

师小结：当东西不能穿过管子，造成堵塞时，我们想到了这么多好办法，可以利用水的冲力、气体的力量，或者借助一些能变形的东西伸到管子里来帮助物体穿过管子。

图 8-78 幼儿第二次操作

三、结束环节

教师：在生活中，小朋友们遇到过管子堵塞的情况吗？你的家人是怎样疏通的呢？

教师：管道堵塞确实很麻烦，所以我们要注意不往管道里扔东西。我们一起来看看生活中疏通管道采用的方法。

教师：其实，刚才在活动中我们就用到了类似的方法。我们将管子投放到科学区，小朋友可以继续寻找帮助物体穿过管子的方法。

【活动反思】

本次活动目标均已达成。第一条情感目标，对解决管道堵塞问题产生兴趣。结合大班幼儿年龄特点，首先是体验解决问题带来的快乐和自豪感，此情感目标贯穿于活动始终。第二条知识目标，探究并发现什么样的物品能够穿越管子。在探究中感知不同的材料通过改变形状、大小等发现许多材料都能穿过管子。在基本部分中引领幼儿围绕一个关键经验层层递进地设计了从回忆游戏、认识材料、猜测、记录、集体的两次由易到难的操作环节，到最后的"生活中的科学"延伸部分，均是为了完成此目标，引领幼儿形成新经验，使幼儿有挑战。第三条能力目标，能积极思考帮助物体穿过管子的方法，并用符号记录探究的过程和结果。在活动中进行有效提问，充分让幼儿表达自己的想法，使幼儿做活动的主体。

整个活动尊重幼儿发展的个体差异，支持和引导他们从原有水平向更高水平发展。支持和满足幼儿通过直接感知、实际操作和亲身体验获取经验的需要。重视幼儿学习品质的培养，幼儿在活动中认真专注、敢于尝试和探究，师幼关系融洽，幼儿与同伴及材料互动积极。从关键提问设计上分析，保证幼儿持续探究的积极性，指向目标：为什么有的东西不能穿过直管？那些不能穿过去的东西，你们想好办法来帮助它们了吗？为什么选择xx来帮忙呢？指向生活：你们还记得玩过什么管子游戏吗？有什么发现？生活中遇到过管子堵塞的情况吗？怎样疏通的呢？

活动能充分利用班级现有资源解决问题，幼儿是活动的主体。能充分表达，语言在认知活动中的作用明显增强。能积极思考帮助物体穿过管子的方法，获得新经验。从活动准备上分析，对材料的研究，如操作环节中小毛球和串珠在质地上的不同、皱纹纸和泡沫块可以分解成小的材料，皱纹纸和毛根可以改变形状。又如弯管探究中放手请幼儿结合自己的经验寻找适合的工具和材料，体现自己的知识经验。

【活动案例】

班级水池刚刚发生过堵塞的情况，幼儿发现洗手的水下不去，教师请幼儿猜一猜为什么会这样呢？家仪说："可能是小朋友漱口的时候，残渣太大太多了，水管就堵上了"，正一说："可能小朋友不小心把小的玩具掉进去了，堵住了水管"，教师结合生活，是否也遇到过管子堵塞的情况？怎样疏通的呢？妙妙说："我家管道堵塞过，因为厨房的菜渣进入了管道，堵住了，我的爸爸用筷子捅了捅管道口，不一会儿就疏通了。"

在幼儿操作探究环节，幼儿发现小毛球和串珠在质地上的不同，通过直管道时，小串珠由于表面光滑，很快就从管道中穿过去了，但是小毛球不一样，它表面粗糙，刚进入管道一小段距离，就停住了。同时又发现皱纹纸和泡沫块可以分解成小的材料，不容易堵住管道，皱纹纸和毛根可以改变形状，也是容易疏通的材料。在弯管探究中，幼儿结合自己的经验寻找适合的工具和材料，幼儿通过从班级寻找细长且不易变形的工具，打气筒通过气体对物品进行疏通等方法，很好地解决了生活中的问题，获得了成功的体验。

（本案例由北京市朝阳区康泉新城幼儿园　张金媛　杨娜提供）

大班集体项目活动"我是舞龙摄影师"

【课程由来】

新年活动中要进行幼儿舞龙活动展示，孩子们在舞龙后遇到一个问题：怎么展示小朋友们舞龙的场面？孩子们七嘴八舌地议论起来，结合日常生活经验孩子们提出了想法。于是我们开展了"如何拍摄俯视照片"的项目活动。活动分为两个环节：第一，分组讨论拍摄全部小朋友的方法；第二，选择不同的场地拍摄不同角度的照片最终确定以俯视的角度拍摄幼儿舞龙的照片。

【活动目标】

1. 在春节舞龙表演时候，能够选择最好的角度进行拍摄。

2. 在前期准备，选址的过程中能够通过合作，商讨发现问题，解决问题。

【活动重难点】

活动重点：能够小组合作拍摄出小朋友舞龙的精彩瞬间。

活动难点：通过观察发现适合的拍摄角度，选择合适的场地进行拍摄。

【活动准备】

经验准备：有站得越高越能看得全的经验。

物质准备：单反相机。

【活动过程】

一、导入环节

1. 出示单反相机，引导幼儿回顾相机的使用方式。

2. 激发幼儿兴趣，提出拍摄舞龙活动的任务。

教师：今天咱们班小朋友说想让爸爸妈妈也来观看自己的舞龙表演，可是他们进不来，如何将自己的精彩瞬间分享给自己的家人呢？如何俯视拍出舞龙的照片呢？

图 8-79

二、基本环节

1. 讨论：哪里可以拍摄到全部幼儿舞龙的画面？

2. 分组选择场地，并在场地选择记录表上进行记录，并拿回样片。

表 8-2　场地选择记录表

小组成员		调查时间	
选择的场地		原因	

3. 幼儿回班分享自己组的选择，并说明原因。

图 8-80

图 8-81

图 8-82

4. 幼儿观看样片，进行投票，并说明自己选择的原因。

5. 教师唱票，宣布选择结果。

三、结束环节

1. 选择出俯视角度的画面更好地展示出幼儿舞龙的表现。

图 8-83

2. 表扬幼儿积极探讨，协商动手实践的表现。

四、延伸环节

1. 将幼儿拍摄的舞龙照片进行展出。

2. 鼓励幼儿将来可以用不同角度拍摄来展示自己的作品。

【活动反思】

本次活动的目标是幼儿按照不同角度用不同场地的方法进行拍摄，这是本次活动的重点。幼儿在活动过程中能够通过动手尝试，将自己的设计和前期计划变成现实。本次活动的难点即在实践过程中，通过观察发现适合的拍摄角度，选择合适的场地进行拍摄，教师则在充分调动幼儿原有经验，给予幼儿试误的机会，突破活动的难点。

在活动过程中，教师采取充分尊重幼儿的感知体验，提供调查表供幼儿一起商讨与合作，其次通过有目的的提问和总结帮助幼儿梳理经验，采取开放式提问，启发幼儿进行创造性的实验和尝试；最后再次通过小组分享与讨论的方式，对幼儿的拍摄照片进行分析与总结，提升幼儿的拍摄经验。

从活动效果来看，整个活动中幼儿能够动手动脑进行尝试，把自己的想象和设计变成现实，在过程中发现问题，解决问题，获得任务成功的成就感，活动最后还纷纷提出想要办一个摄影展的想法。

【活动案例】

"今天我们的任务是什么呢？"老师问小朋友。小朋友回答："拍摄俯视的角度。"老师与幼儿共同前往班级窗外问："看看这里是不是可以进行俯视拍摄呢？小朋友回答："这里虽然可以俯视拍摄但看不到小朋友们的正脸"老师问："那我们可以去哪里拍摄看看？""可以选择操场"，于是我们一起来到操场后进行拍摄，老师问："这里可以拍摄到所有小朋友舞龙的画面么？"小朋友回答："可以拍摄到所有小朋友，但后面的小朋友看不到，而且看不到拍摄的造型，不是俯视拍摄。"老师问："那我们可以选择哪里？"小朋友回答："可以在我们常玩的天台试试。"来到天台后进行拍摄尝试：这里可以拍到所有小朋友的画面，而且是俯视拍摄可以照到小朋友摆出舞龙的造型。

（本案例由北京市朝阳区丽景幼儿园　张凯鹏　陈颖提供）

集体项目活动"申请庙会摊位"

【课程由来】

新年到了，幼儿园传统庙会活动就要开始了，小朋友们都"摩拳擦掌"，准备在庙会活动中"大展拳脚"。幼儿园准备让小朋友带着自己班里的设计来到多功能厅，通过班级代表介绍自己班安排的活动和设计表，进行申请和竞选庙会摊位，通过全园幼儿投票选出幼儿园在庙会活动中的美食、游艺和手工技艺制作各个摊位的具体活动。

【活动目标】

1. 能够清晰、完整地（小班在教师帮助下进行介绍）介绍自己班级庙会摊位设计。

2. 开动脑筋运用多种方式说服小观众进行投票。

3. 通过申请摊位了解申请活动的流程，体会作为班级代表进行竞选的成就感。

【活动重难点】

活动重点：在了解申请活动的流程的基础上，能够清晰、流畅地介绍自己班级的庙会摊位设计。

活动难点：开动脑筋运用多种方式说服小观众进行投票。

【活动准备】

经验准备：对庙会有了解并清晰本班基本信息、有过投票竞选的经验。

物质准备：摊位牌、黑色水笔、海报、申请表、桌子、工作人员标志、相机、摄像机。

【活动过程】

一、导入环节

1.回顾对"庙会"的调查结果。

2.观看庙会现场视频，进一步认识庙会的美食、游艺和手工技艺制作三个活动。

（1）什么是庙会，筹备庙会需要我们准备什么？

（2）回顾班级竞选的摊位并讨论：我们用什么方式去拉票？

二、基本环节

1.制作摊位申请表。

（1）小班：绘出具体食品的申请牌。（师幼共填）

（2）中班：绘出具体游戏的申请牌以及基本信息表。（师幼共填）

（3）大班：绘出具体手工技艺或食物制作申请牌以及基本信息表。（幼儿填写）

图 8-84　幼儿制作摊位申请表

图 8-85　幼儿粘贴摊位申请表

表 8-3　摊位申请表

门牌号				
申请摊位				
联系电话				
确认签字				

2.班级幼儿粘贴申请牌并介绍和推荐本班的设计。

3.拉票环节：幼儿代表用自己的方式进行拉票。

三、结束环节

1.教师公布申请结果，肯定幼儿在活动中的表现。

2.播放现场照片，讨论：

（1）你在活动中知道了什么？

（2）参与到庙会申请活动中，你有什么感受？

四、延伸环节

鼓励幼儿通过讨论、绘画等方式丰富班级摊位设计，小组合作尝试制作摊位招牌。

【活动反思】

本项目活动前期，教师给予幼儿讨论的时间和空间，幼儿在讨论过程中充分发挥创造力，合作设计本班的方案，为幼儿参与本次活动奠定了经验基础。教师从幼儿喜欢的传统文化活动入手，激发幼儿发现问题，基于真实存在的问题生成项目。

班级准备过程中，幼儿能够合作，学习在商议中解决问题，使每位幼儿有获得感与话语权，在过程中遇到问题，能够得到及时的关注与帮助，获得成就感。申请现场，幼儿能够从自己的实际生活出发，发挥想象力和创造力设计并不断调整自己的申请过程，进行拉票。教师通过有目的的引导和提问，让幼儿发现庙会申请的细节，当幼儿认识出现冲突、质疑、否定的时候，没有否定幼儿的想法，而是充分给予幼儿时间准备，让他们进行尝试，去积累经验。

项目活动的分享总结阶段是通过视频回顾和讨论的方式完成的，在回顾中培养幼儿自信心，让幼儿充分体会到努力之后成功的成就感。更重要的是这样的讨论可以帮助幼儿梳理总结项目中获得的经验，在过程中，教师了解幼儿项目中的所思所想，真正的获得感，从而进行反思。

【活动案例】

大一班孩子们带着自己的庙会摊位——糖葫芦摊，来到多功能厅进行申请和拉票。棒棒首先发言："大家好，我们是大一班的哥哥姐姐，我们今天的摊位是糖葫芦摊。"听到糖葫芦，底下出现窸窸窣窣的声音。主持老师问："你们为什么要申请糖葫芦摊位呢？"皮皮回答说："因为糖葫芦很甜，很好吃，所以我们想弄这个摊位，这是我们班小朋友投票选出来的！"平平补充："糖葫芦是红的，我们都穿了红衣服，祝大家新年红红火火！"主持老师问下面的小观众："你们喜欢吃糖葫芦吗？"大家都说喜欢，这时，出现了几个细碎的小声响："不喜欢。"主持老师说："看来很多小朋友都喜欢吃糖葫芦，可是也有小朋友不喜欢，怎么办呢？"听到老师的问题，孩子们瞬间紧张起来。空了几秒，糖糖张嘴了："我们可以给大家表演一个节目。"于是大家一致同意，为小观众唱一首歌："都说冰糖葫芦甜……"顽皮的皮皮还做出各种表情，逗得小观众捧腹大笑，歌唱完赢得阵阵掌声。

（本案例由北京市朝阳区康泉新城幼儿园　唐燕提供）

大班集体项目活动 "怎样拍毕业照"

【课程由来】

一年一度的毕业季又要来临，幼儿园大班孩子们即将拍摄人生中的第一张毕业照。孩子们兴奋地讨论着："我们穿什么衣服啊？""我们摆什么造型呢？"于是教师抓住孩子们的兴趣点，开展了一次"怎样拍毕业照"的活动，鼓励幼儿可以用集体和分组的形式进行毕业照造型的设计，尝试和体验拍摄毕业照，与同伴通过协商解决集体拍摄中遇到的问题。

【活动目标】

1. 能够与同伴分组设计不同的毕业照造型，在体验拍摄的过程中发现问题。

2. 通过讨论协商解决设计与拍摄毕业照过程中发现的问题。

3. 能够按照计划表共同完成毕业照的拍摄。

【活动重难点】

活动重点：能够与同伴分组设计不同的毕业照造型，体验拍摄的过程中发现问题。

活动难点：通过讨论协商解决设计与拍摄毕业照过程中发现的问题。

【活动准备】

经验准备：在之前活动基础上，对剧本和台词熟悉，已经经过小组练习，了解活动分工情况；有小组进行调查发现的经验；进行了第一次彩排。

物质准备：自制服装和道具、音频和 PPT、手机每组一个、讨论表每组一个。

【活动过程】

一、导入环节

1.播放幼儿在园的三年生活精彩活动瞬间，激发幼儿参与活动的积极性。

2.集体讨论"毕业照想要拍摄的造型有什么？"分组将讨论的内容画在记录表中。

二、基本环节

1.分组讨论并介绍小组设计的拍照造型并尝试拍摄。

重点指导：鼓励幼儿尝试摆出小组设计的毕业照造型并进行拍摄。

2.观看照片，发现和讨论不同的毕业照造型照片中出现的问题。如是否有人被挡住了？造型是否呈现出了设计的图案？

重点指导：引导幼儿在讨论和商量中发现距离、方位、排序、对比的重要性。

3. 再次围绕小组设计的毕业照造型问题讨论并进行记录。

4. 在体验和尝试拍摄毕业照过程中通过沟通和协商解决不同造型中遇到的小朋友之间距离、身高、排列等问题。

5. 观看照片引导幼儿思考：怎么能够更快，不影响其他班级的拍摄？用什么方法可以让别人记住自己小组设计的毕业照造型，顺利完成拍摄。

重点指导：将讨论出的注意事项运用绘画的形式进行记录，分享给大家，共同完成大班毕业照拍摄。

三、结束环节：回顾梳理经验

1. 共同欣赏小朋友们的毕业照片，引导幼儿分享在拍摄过程中出现问题后如何进行解决的。

2. 表扬幼儿积极探讨，协商解决问题的表现，感受长大的美好，收获成功的喜悦。

【活动反思】

幼儿在活动中能够通过小组讨论进行毕业照的设计，在体验拍摄的过程中发现新的问题，这也是本次活动的重点，以小组的方式围绕发现的问题进行讨论，并通过协商解决发现的问题，最终一起完成自己小组设计的毕业照造型。

在活动过程中，教师采取以下策略支持幼儿开展活动：首先，结合大班幼儿年龄特点开展小组与集体相结合的方式，给予幼儿与同伴交流和讨论的机会；其次，过程中给予幼儿充分讨论的时间，支持幼儿结合自己的想法进行毕业照造型的设计鼓励尝试拍摄；最后，通过问题引领的方式，有针对性地重点提问，引导幼儿发现问题，激发幼儿主动思考如何进行解决，鼓励幼儿与同伴分享自己的想法，通过讨论和协商解决发现的问题，再次进行拍摄，帮助幼儿总结梳理经验。

在活动中幼儿能够与同伴分组设计不同的毕业照造型，在体验拍摄的过程中发现问题，解决问题，最终通过尝试和调整共同完成毕业照的拍摄，活动效果良好。

【活动案例】

"你们毕业照想要拍摄的造型有什么？"老师问小朋友，孩子们围绕拍什么造型的毕业照热烈地讨论起来。接下来，幼儿把一起协商的内容在表格中记录，设计图画好了，接下来的拍摄阶段，幼儿以小组方式结合自己的设计进行拍摄。随后师幼一起欣赏照片，发现有人被挡住了，有的照片没有呈现出设计的图案。教师引导幼儿围绕发现的问题进行讨论，协商如何解决。"需要注意什么？""怎样站位才能使每个小朋友都能够露出自己的笑脸，还能够摆出计划好的队形？"睿睿："拍照的时候咱们班小朋友都参加，我们还不能挡着别人。"茜茜："那咱俩比一比，如果你比我高，你就站在后面，如果你比我矮，那你就站在我前面。"文文："我们小组要拍一个'OK'的造型，可是看不出来，那我们在地上画一个图案吧，咱们站到上面去。"硕硕："我们还可以把图案画纸上，咱们有多少个人就点多少个圆点，别太挤，这样就能看出造型了。"结合孩子们的讨论我们再次进行拍摄。在这一过程中，体现出孩子们乐善好学、探索创造、勤于反思，正是回归了学习的本质——儿童积极主动地解决问题。在体验和尝试摆出不同造型的过程中，幼儿通过沟通和协商解决了不同造型中遇到的小朋友之间距离、身高、排列等问题，在完成毕业照拍摄的过程中感受长大的快乐，收获成功的喜悦。

（本案例由北京市朝阳区丽景幼儿园　苌静雅提供）

参考文献

［1］周淑惠.婴幼儿STEM教育与教保实务［M］.南京：南京师范大学出版社，2021.

［2］周淑惠.具STEM精神之幼儿探究课程纪实——"一起创建游戏乐园"主题［M］.新北：心理出版社，2018.

［3］郑葳.中国STEAM教育发展报告［M］.北京：科学出版社，2017.

［4］［美］裘迪等.小小探索家——幼儿教育中的项目课程教学［M］.林育玮等译.南京：南京师范大学出版社，2004.

［5］［美］丽莲.凯兹，西尔维亚.查德.开启孩子的心灵世界：项目教学法［M］.胡美华译.南京：南京师范大学出版社，2007.

［6］周淑惠.幼儿STEM教育——课程与教学指引［M］.南京：南京师范大学出版社，2021.

［7］王微丽主编.幼儿园区域活动：环境创设与活动设计方法［M］.北京：中国轻工业出版社，2014.

［8］汪秀宏，王微丽，霍力岩主编.支架儿童的主动探究：STEM与个别化学习［M］.北京：北京师范大学出版社，2019.

［9］张俊等.幼儿园科学领域教育精要：关键经验与活动指导［M］.北京：教育科学出版社，2015.

［10］［德］瓦西里奥斯·伊曼努埃尔·费纳科斯主编.德国学前儿童技术教育［M］.滕薇等译.上海：华东师范大学出版社，2020.

［11］［美］安·S.爱泼斯坦（Ann S.Epstein）.学习品质：关键发展指标与支持性教学策略［M］.霍力岩译.北京：教育科学出版社，2018.

［12］中华人民共和国教育部制定.3~6岁儿童学习与发展指南［M］.北京：首都师范大学出版社，2012.

［13］米鹏旭.幼儿园大班戏剧综合活动的行动研究［D］.西南大学，2015.

［14］王春林.基于项目活动的幼儿STEM课程实施的行动研究［D］.华中师范大学，2019.

［15］黄颖.基于STEAM教育理念的活动对5—6岁幼儿数学问题解决影响的研究［D］.上海师范大学，2020.

［16］缪珺雯.STEAM活动对大班幼儿学习品质影响的研究［D］.上海师范大学，2020.

［17］闵天钰.幼儿园STEM区域活动实施探究［D］.华中师范大学，2020.

［18］李欢.新中国幼儿园艺术教育价值取向的嬗变与反思（1949—2012）［D］.东北师范大学，2017.

［19］李雁冰."科学、技术、工程与数学"教育运动的本质反思与实践问题——对话加拿大英属哥伦比亚大学Nashon教授［J］.全球教育展望，2014，43（11）.

［20］赵慧臣，陆晓婷.开展STEAM教育，提高学生创新能力——访美国STEAM教育知名学者格雷特·亚克门教授［J］.开放教育研究，2016，22（5）.

［21］时慧.建构主义视域下的STEAM教育探析［J］.中国信息技术

教育，2017（Z2）.

［22］曾婷．STEAM 教育的内涵、特征与实施路径［J］.教育现代化，2017，4（33）.

［23］李小涛，高海燕，邹佳人，万昆．"互联网 +"背景下的 STEAM 教育到创客教育之变迁——从基于项目的学习到创新能力的培养［J］.远程教育杂志，2016（1）.

［24］胡畔，蒋家傅，陈子超．我国中小学 STEAM 教育发展的现实问题与路径选择［J］.现代教育技术，2016（8）.

［25］邹红英．幼儿挑战性运动关键经验的内涵、特征与教育价值［J］.学前教育研究，2019（2）.

［26］李莉．新中国幼儿园社会领域课程的发展历程［J］.学前教育研究，2006（2）.

［27］周欣．《指南》"数学认知"目标解读［J］.幼儿教育，2013（16）.

［28］桑国元，王佳怡．项目化学习在幼儿园活动中的实施［J］.教育理论与实践，2021，41（26）.

［29］王翠萍．幼儿园项目活动走向项目课程的实践探索［J］.教育导刊（下半月），2021（3）.

［30］肖菊红，戴雪芳．幼儿园项目活动研究综述［J］.江苏教育研究，2019（16）.

［31］李蓓．让幼儿心智自由地学习——幼儿园项目化学习的实践与思考［J］.幼儿教育，2018（34）.

［32］刘渭，黄晓洲．文化传承背景下 C-STEAM 教育理念下的项目式教学模式建构［J］.教育观察，2021（35）.

［33］孟娜，李俊，李佳景．Steam 教育理念下戏剧活动对儿童学习过程与创造力的影响研究［J］.陕西学前师范学院学报，2019，35（3）.

［34］Kilpatrick W. H.The project method [J]. Teachers College Record, 1918(1).

［35］Quan Hai Yan, Byun Moon Kyoung. A Case Study on Development of Fine Dust STEAM Program for Enhancing Engineering Creative Problem Solving Ability of Chinese Elementary School Students [J]. Journal of Engineering Education Research, 2020, 23(2).

［36］김형재, 송민서, 홍순옥. The Effects of Science Education STEAM Program on Young Children's Creativity and Scientific Problem-solving Ability [J]. Korea Open Association for Early Childhood Education, 2016, 21(1).

［37］Gun-Sang Cho, Ik Young Chang, Young-Jun Choi, Eun-Surk Yi. Effects of 3D-Printing Linked Physical Education STEAM Program on Learners' Problem-Solving Ability [J]. Indian Journal of Public Health Research & Development, 2018, 9(8).

［38］Kim Ji Hwan, Bang Mi Sun, Bae Sung Chur, Hong Yeon Sook, Choi Jong Gyung, Lee Na Ri, Seo Seung Gab, Bae Jinho, Lee Yong Seob, Lee Hyeong Cheol, So Keum Hyun. The Effect of STEAM Education Program Using Movies on the Creative Personality, Creative Problem-solving Ability and Scientific Attitude of Elementary Scientific Gifted [J]. Journal of Science Education, 2014, 38(1).

［39］Basham J. D., Israel M., Maynard K. An Ecological Model of STEM Education: Operationalizing STEM FOR ALL [J]. Journal of Special Education Technology, 2010, 25(3).

［40］美国巴克教育研究所.What is PBL? ［DB/OL］. http://www.bie.org/about/what_pbl.

［41］中华人民共和国教育部.国家中长期教育改革和发展规划纲要（2010—2020 年）［EB/OL］.［2017-11-19］. http://old.moe.gov.cn//publicfiles/business/

htmlfiles/moe/moe_838/201008/93704.html.

　　［42］李克强.在国家科学技术奖励大会上的讲话［EB/OL］.［2017–11–20］.http://cpc.people.com.cn/n/2015/0110/c64094–26360147.html.

　　［43］中华人民共和国科学技术部.2016年国家创新驱动发展战略纲要［EB/OL］.［2017–11–20］. http://www.most.gov.cn/yw/201605/t20160520_125675.html.